指向核心素养的课文阅读

葛筱宁　著

北京工业大学出版社

图书在版编目（CIP）数据

指向核心素养的课文阅读 / 葛筱宁著 . — 北京 ：
北京工业大学出版社，2022.12

ISBN 978-7-5639-8532-6

Ⅰ．①指… Ⅱ．①葛… Ⅲ．①阅读课－教学研究－中
学 Ⅳ．① G633.332

中国版本图书馆 CIP 数据核字（2022）第 251440 号

指向核心素养的课文阅读
ZHIXIANG HEXIN SUYANG DE KEWEN YUEDU

著　　者：	葛筱宁
责任编辑：	张　娇
封面设计：	知更壹点
出版发行：	北京工业大学出版社
	（北京市朝阳区平乐园 100 号　邮编：100124）
	010-67391722（传真）　bgdcbs@sina.com
经销单位：	全国各地新华书店
承印单位：	永清县晔盛亚胶印有限公司
开　　本：	710 毫米 ×1000 毫米　1/16
印　　张：	10.25
字　　数：	205 千字
版　　次：	2022 年 12 月第 1 版
印　　次：	2022 年 12 月第 1 次印刷
标准书号：	ISBN 978-7-5639-8532-6
定　　价：	72.00 元

作者简介

葛筱宁，文理双学士，上海市语文高级教师，浦东学科带头人，在《中学语文教学》《语文建设》《语文学习》《语文月刊》《语文教学通讯》《语文教学与研究》等全国中文核心专业期刊发表文章50多篇，主持或参与市、区级多项课题，主编或参编多种教辅，领衔开发多项教师培训课程。曾公派赴中国台湾、美国加利福尼亚州等地的学校进行学术交流。

序

　　我和葛筱宁老师有一位共同的文友张仁和先生。葛老师不耻下问，通过张先生找我聊一些关于中学语文教学的问题。他谦恭有礼，温文儒雅，谈古说今，言简意赅，给我以中年教师之佼佼者印象。当我读到葛老师的《指向核心素养的课文阅读》后，更证实了初见他的印象。

　　葛老师非常热爱语文教育事业，倾心倾力于读书、思考、教书、写作之中，这在时下往往教而优则仕的教师队伍中，实属难得！历来虽有对行政与业务"双肩挑"的称道，但我还是赞同"人民教育家"于漪先生"一辈子教语文"的名言，钦佩清华四大导师之一的赵元任先生辞当北大校长的清举。他们的言行是非常值得大家学习的，因为这清醒地表明语文教师的专业发展必须专一专精！葛老师就是有志于教好语文而躬行此道者之一。

　　语文不是随便可以学好的，非下苦功不可。语文更不是随便可以教好的，自从 1978 年吕叔湘先生批评语文课时多、效果差以来，语文教学就一直处于不断改革中，积累了许多经验，吸取了不少教训，现在已经比较成熟了。

　　2019 年开始，义务教育阶段的语文课，全国统一使用国家统编教材。可以说，每位语文教师，都处在大变局背景、新时期要求、新教材教学的起点上，"雄关漫道真如铁，而今迈步从头越"，曙光在前，路线清晰，成果在望，就看我们自己功力如何，又如何下苦功了！

　　课本，课本，一课之本。教好语文下苦功，钻研教材，读深读细课文，读出自己的心得体会，至关重要！统编教材中有些课文属于名家名篇，经常入选各种教材，有的教师可能教过多次，而今又在统编教材中见面了，好像可以驾轻就熟，不必再深入钻研了。其实，入选统编新教材的课文，不管是老面孔还是新面孔，不管是教过多次还是初教，都应该下功夫再读读再钻研的。

　　东坡先生有诗云："旧书不厌百回读，熟读深思子自知。"追本溯源，这诗意显然出自孔老夫子的教导"温故而知新"，读书人在读书的实践中也多有体会。

因此，教语文备课，当以读课文为先，即使是自己读过多次、教过几回的"经典课文"，还是应该再"熟读深思"，常读常新嘛，必定会有新的发现或发明。

葛筱宁老师对此有着丰富的实践和深刻的体会，并且从中摸索出一套能够有所发现、有所发明的思辨解读方法，集腋成裘，整理成书，与读书人，特别是有志于教好语文的同行们分享。这是一件值得提倡的大好事，"奇文共欣赏，疑义相与析"是读书人的互动传统，更是教书人的精进必需。

比如刘禹锡的《陋室铭》，文短意深，脍炙人口，耐人咀嚼。葛老师发现中心句"斯是陋室，惟吾德馨"的核心是"德"，便突出"内在"，披文识德：陋室居鸿儒，学问、调琴以进德，读经、淡泊以养德，居陋室而自安，因重德而自誉，崇孔圣而自勉，慕先贤而为君子。这样的解读，恬吟深思，立德树人之滋润不言而喻了。

凡此种种，在志同道合者中或起到以玉引玉的作用，把指向核心素养的课文阅读演绎得越来越精彩。

乐为序。

陆继椿于沪上得得斋
辛丑年春月

前　言

在以核心素养为导向的教育教学改革进入深化阶段的新时期，"课文阅读"要呈现一种新面貌，以期走向深度学习，获得语文课程核心素养的长足发展。

语文课程的核心素养有四个方面，分别是语言、思维、审美和文化。其中语言是基础，思维、审美和文化均以语言为基础，并在学习者的个体语言经验的发展中得以实现。

本书通过经典课文的解读案例，呈现指向核心素养的课文阅读的新思路，给读者提供一些有质量的阅读策略、方法或手段。

指向核心素养的课文阅读，其基本理念体现在以下三方面：

第一，将静态式的课文分析转化为以学习者体验、感受为主的动态性的文本解读。

静态分析，主要着眼于对文本内容的肢解，着眼于语文知识概念在课文中的演绎与训练，这样很容易使语文学习陷入僵化和迟滞；而动态性的文本解读，则是从全局出发，站在整体的视角来把握文本内容，进而引导学习者在独立自主的阅读实践中，有所体验，有所发现，有所感悟，即首先沉浸在文本中，整体感知文本内容，不断调动自己的积累，唤醒已有的记忆和已有的思想来感受、体验文本，并在感受体验的过程中与文本对话，与作者对话，与教材编者对话。在对话的过程中，或产生共鸣，或进行质疑，从而认识、创造新知，形成自己的见解，构建自身的知识体系。

从沉浸文本到体验文本，继而感悟文本，最终到思辨文本的课文阅读，才是真正关注到学习者内在需求的过程，才真正体现出"以学生发展为本"的课程理念，才真正指向了语文课程的核心素养。

可见，"课文阅读"的"阅读"二字应是动态性的，它是以文本释义为基础的，侧重于对文本意义的辨析、推理、研判与潜在意义的发掘，进行综合性的、有创造性的分析和诠释，阅读的目的在于求真，在于趋向合理。

本书的主要价值之一在于采用动态性的文本解读理念对统编初中语文教材的经典课文进行解读，构建以整体视角来把握文本的阅读意识和态度，根据文本前后之间的联系进行思考与辨析，而非孤立静止机械地看待语言文字作品。

比如《小石潭记》中的"以其境过清，不可久居，乃记之而去"，作者柳宗元认为小石潭周遭的环境"过于"冷清，其中一个"过"字并非空穴来风或夸大其词，因为它承载了前文诸多的意象如"水""鱼""溪（岸）"的铺垫或叙描中的伏笔，从而勾勒出作者丰富细腻的情感演绎路线。

第二，将浅表性的浏览文本转化为以深度学习、深度认知为学习目的的思辨性阅读。

对于学习而言，假设、推理、思辨与想象力将变得越来越重要。在阅读中，我们不免会对他人的理解产生怀疑，或是对文本内容进行了再思考、再辨析或再判断。所以，指向核心素养的课文阅读恰恰能培养学习者的一种问题意识，使他在阅读的时候可以积极发现问题，能够主动提出问题，并借助相关资料或工具书来思考问题、解决问题，领会感悟蕴含在文本中的道理。在思考问题、解决问题的过程中，逐渐学会运用基本的语言文字规律和逻辑规则，判断语言运用的正误，以形成自己的认识；或者运用批判性思维审视那些看似平常或是反常的语言现象或文学现象，在情感、审美、文化等方面都表现出一种敏锐的语言感觉；再或者能在当下流行的课文解读的观点和主张中坚持自己独立的判断，并能冷静、客观、较为周全地进行思考与辨析。

在笔者看来，理解性的东西可以尝试从不同角度进行切入，只要有理有据，能自圆其说，便是对经典课文的一次合理的发现与开掘。

本书的主要价值之二在于采用了以深度学习、深度认知为学习目的的思辨性阅读理念来解读课文，即运用批判性思维来审视语言文字作品，探究和发现其中的语言现象和文学现象，形成自己对语言和文学的认识与判断，发展思辨能力，提升思维品质。

统编语文教科书的总主编温儒敏教授曾经这样说："（语文）应当加强思维训练，特别是批判性思维。通过'语用'的学习把思维能力带起来。这是我们语文教学的弱项。"这句话指明了我们当下亟须努力的方向。

比如朱自清的《背影》一文中对父亲背影的特写镜头："他肥胖的身子向左微倾，显出努力的样子，这时我看见他的背影，我的泪很快地流下来了。"其中"显出努力的样子"一句比较容易被读者忽视，但在思辨性阅读中，这句话却是整篇课文中比较关键的一条线索：父亲无论是在家境惨淡时对待生活的态度，还是在车站送行时对"我"的关心与照料，抑或是在课文末尾给"我"的那封来信，无一不显示出他在艰难与困顿中的那种"迂执"的努力。这表明父亲其实一直在"努力"关爱着"我"，从而可以解读出《背影》一文的主旨在于"我"从父亲面对艰难困顿时"显出努力的样子"中逐步理解了父爱。

第三，将语文课程核心素养的语言、思维、审美和文化四个方面统整融合起来进行的课文阅读。

语言、思维、审美和文化是语文课程核心素养的四个方面，它们是一个整体，而不是相互游离、各自为政的。语言是重要的交际工具，也是重要的思维工具；语言的发展与思维的发展相互依存、相辅相成。语言文字作品是人类重要的审美对象，语文学习也是学习者审美能力和审美品质发展的重要途径。语言文字是文化的载体，又是文化的重要组成部分；学习语言文字的过程也是文化获得的过程。

本书的主要价值之三在于统整融合语文课程核心素养的四个方面于一体进行课文阅读，即从祖国语言文字的运用出发，以课文内容作为突破口，打开并促进思辨思维，对作品进行审美与鉴赏，形成文化的理解与传承。

比如《观沧海》中"日月之行""星汉灿烂"二句其实是蕴含着文化元素的，诗人曹操不仅继承了前人以日月来形容地域之广的语言文化，而且还创造性地添入"星汉"这一形象，将天上的万物——日月星辰都囊括进来，使诗歌的内容更丰富，境界更开阔；更为重要的是，诗人曹操通过这种奇特浪漫的联想和想象，极写沧海之辽阔，以展现他的志向远大——意欲一统天下的理想，从而使这首诗达到了思想上的高度。

本书着重介绍了七种课文阅读的策略、路径或方法：

1. 审视课文标题，走向深度研读

我们可以审视课文的标题，尝试通过补充或完善课文标题，精准地梳理文章的脉络，厘清并提炼作者真正想要表现的核心内容。

比如，如果对《从百草园到三味书屋》这一标题进行补充或完善，我们会发现，作者鲁迅在这篇课文里要表现的既不是"百草园"，也不是"三味书屋"，而是"我"的童年生活，标题中省略的主语就是"我的童年"，这样一来，我们就准确找到了文本的重心，合理把握了作者的情感倾向，对课文的阅读理解就走向了深入。

我们还可以还原课文原有的标题，尝试从课文的原标题来观照课文内容，这样或许会更加合理地抓住作者的思想情感，从而更加精准地解读文本，走向深度研读。叶圣陶的《苏州园林》就是一个很好的例子。

2. 动态体察关键词，提升思维品质

这里的"关键词"可以有三类："文眼""景语"以及在文中反复出现的语言形式。

"文眼"是最能揭示文章的中心主旨、涵盖课文主要内容的关键词语。所以我们如果能抓住"文眼"，那么就可以基本上把握住文章的核心。

比如抓住《陋室铭》的"文眼"——"德"，并且围绕着"德"，梳理文本的结构与作者的思路，深入探究"德"的内涵与外延在作者心中的具体表现，这样就可以准确理解文意，合理推断作者的思想感情。

"景语"是指景物所表现出来的特征或内涵，我们可以通过分析景物特征，联系作者的思想情感，以此来准确地理解课文内容。

比如，《记承天寺夜游》里的"空明"不仅仅是对月色空旷、澄澈的描摹，还是苏轼"夜游"时旷达、闲适心境的反映，更是他清净超然的人生观的一种体现。

我们还要关注课文中那些反复出现的语言形式，不仅要弄清它们在各自的语言环境中的含义，而且还要把这种语言形式与作者如此表达的心理动机结合起来分析，这是一种"动态"学习语言的方式。

比如，在《散步》一文中，我们捕捉到作者多次使用了"我"或"我的"这些语句，然后再联系课文的文学体裁与作者建构与运用这类语言的意图与目的，从而准确合理地归纳课文主题。

3. 以人物为突破口，构建整体把握

分析一部作品时，我们可以以主要人物作为突破口，构建对文本的整体把握。

探究人物的情感诉求，是指向核心素养的课文阅读的策略之一。因为这样，我们就可以围绕着人物的情感内核，理解人物在语言、行为和心理等方面的真正指向，进而把握作者对人物的情感态度。

比如《阿长与〈山海经〉》一文，要归纳出作者鲁迅对阿长这一人物的情感所在，而作者的情感是需要依据阿长的精神需要或内心诉求而决定的，这样一来，我们从文中看到的不仅仅是作者的怀念，更有一种祝福。

我们还要敏锐地看到文中人物的变化，或是人物生活状态的变化，或是人物精神状态的变化，进而探究发生这类变化的原因，关注人物的命运走向，从而了解当时的社会环境。

比如，抓住《故乡》一文中闰土从"小英雄"到"木偶人"的变化以及人物变化的成因，拎起这根线，或许能够更加准确地解读课文，更加合理地把握作者的思想感情。

4. 比较课文与原作，合理思辨求真

我们可以还原课文的原作，将原作与课文进行比较来解读文本。

还原原作的目的在于从文章全局或整体的视角，全面准确把握课文内容，客观合理推断作者的思想感情，而不至于断章取义、以偏概全，它体现了核心素养的精髓——真实性。

比如，对于《社戏》这一类的节选文，可以通过还原课文原作，拓宽阅读视域，从原作的整体角度来观照课文，将原作与课文内容进行比较，发现差异，激引思辨，从整体上理清文章的脉络，准确解读课文的主要内容，合理把握作者的思想感情，避免对节选文形成封闭狭隘的理解，这样或许能够立体地分析人物形象，深刻地理解文章主旨，全面地还原艺术作品。

5. 比较课文与他作，深掘文本价值

我们可以将课文与他作进行比较来解读课文，这样或许能够打开思路，发现课文文本的价值与意义，真正发展学习者的语文核心素养。

比如，曹操的《观沧海》中"日月之行""星汉灿烂"二句与前辈文人以日月来形容地域之广的篇章来比较，便会看出曹诗推陈出新的一面，有着思想上的高度。这样，课文经典名句的价值与地位也就能比较容易地得到体认。

当然，与他作进行比较，也是追根溯源、辨析并厘清事物的本质特征的一种手段。

比如，探究《三峡》中如何描写三峡之"山"的主要特征，我们可以通过追溯东晋袁山松的《宜都记》，与课文进行比较，从而得出三峡之"山"的主要特征在于"高"。

著名语文教育家吕叔湘曾说："一切事物的特点，要跟别的事物比较才显出来……语言也是这样。"

所以，将课文与他作进行比较，可以从中发现差异，辨析优劣，引发思辨，以此促进思维的发展，提高审美鉴赏的能力，使我们的认识不断地走向充分与深刻。

6. 回归作品原意，理性开辟思路

回归作品原意，一方面指我们要适当尊重课文作者的创作意图或写作目的，并以此作为课文阅读的出发点。因为文章的创作意图有时会直接决定或影响文章的中心主旨、内容组织或遣词造句等方面，它在一定程度上可以成为我们文本解读的重要参考依据。

比如，《愚公移山》的创作意图在于打破世人急功近利的眼光，我们尊重这一创作意图，便可发现课文主要在于表现愚公的志向长远。

回归作品原意，另一方面还指在阅读课文时，有时要找到文句的来源，从作品的原意方面进行推理或开掘。既要看到其中的发展或演绎，又要把握好文句原意的精髓，尊重原句的出发点，理性解读课文。

比如，晏殊《浣溪沙》中"去年天气旧亭台""无可奈何花落去，似曾相识燕归来""小园香径独徘徊"等诗句，我们如果能找到它们的出处，然后在文句原意的基础上进行理性的推理，分析它们在新的语境下的意义与作用，这样对课文内容的阅读理解也有相当大的助益。

7. 知人论世，进阶对话作者

知人论世在一定程度上能够促成我们对课文的理解。"知人"是要弄清作者的相关资料，包括作者的生平经历、思想状况等方面。"论世"则要联系作者所处的时代背景。

比如，鲁迅的《中国人失掉自信力了吗》一文，如果联系当时的社会背景，便可以看出这篇文章不仅仅是作者对《大公报》社评阐发"中国人失掉自信力"这一论调的反驳，更是在为中国人厘清抗日的真假，并且号召全体中华民族"抗战到底"的檄文。

指向核心素养的课文阅读，有时需要查阅与文本有关的资料，我们可以通过作者的生平经历与时代背景的导引，积极与文本对话，与作者对话，厘清作品的逻辑，从而明确作者情感态度的真正指向。

当然，这七种课文阅读的策略、路径或方法只是就阅读时所采取的侧重点而言的，它们的内涵其实是相互交融的，不应把它们机械地割裂开来。

总之，指向核心素养的课文阅读是以学生的发展为本，以语文课程的核心素养为指向，通过语言文字的运用，对课文内容进行分析质疑、思辨推理、多元解读，其目的在于推动深度学习，获得思维品质、审美能力和文化素养的共同发展和提升。

目　录

第一章　审视课文标题　走向深度研读

第一节　补全标题，梳理文脉

童年生活的延续与成长

——解读《从百草园到三味书屋》

标题是文章的"眼睛"，是文章内容与中心主旨的高度浓缩和总括性的表述。所以，解读课文一般都会以文章的标题作为突破口来展开。

比如《谁是最可爱的人》一文，我们可以运用标题中的疑问句式，设置悬念，激发阅读的兴趣，到文中去寻找"谁"是最可爱的人，并归纳他们"最可爱"的原因，以此来把握课文的内容大意，理解作者的思想感情。

指向语文课程核心素养的课文阅读，则需要灵活处理课文标题，进一步发挥它的作用。不仅要能够从标题入手去解读文本，而且还要看到文章标题的不完整，知晓文章标题所省略的内容或成分，尝试以补全或完善标题作为课文解读的突破口。

比如鲁迅的散文名篇《从百草园到三味书屋》，我们可以从这篇课文的标题中发现，其中的"百草园"和"三味书屋"仅仅交代了"我"的两个生活空间，而且"从……到……"这一关联词，也只是说明了这两个生活空间发生了一次切换或变化，我们并没有从这一标题中能够得到直接反映课文内涵的信息。

可见，"从百草园到三味书屋"这一标题并不能算是完整，它明显省略了主语，可是，这一省略的内容却隐隐指向了文章真正需要表现的东西。

因此，我们不妨尝试从补全或完善课文的标题入手，寻找、判断这一标题所省略的内容，以此梳理文章的脉络，找到课文阅读的重心。

那么，鲁迅写这篇文章究竟要表现"什么内容"从百草园到三味书屋呢？

在笔者看来，从"百草园"到"三味书屋"，虽然空间发生了转换，但不变的是"我"未泯的童心。

所以，鲁迅在《从百草园到三味书屋》一文里要写的既不是百草园，也不是三味书屋，而是童年，作者真正要表现的是自己的童年，"百草园"和"三味书屋"只不过是反映作者童年生活的两处场所罢了。

课文标题补充完整后应为：《"我的童年"从百草园到三味书屋》。

可见，通过补全或完善课文标题，我们便能厘清文章的脉络，把握课文内容的重点，明确作者所要揭示的东西。

从百草园到三味书屋，延续着"我"童年的快乐

当鲁迅回忆起自己家里的后园——百草园时，把它称为"乐园"。

"乐"是一个人童年的基本追求。

所以，"乐"对于童年的作者而言，绝不是那种天然提供的、现成给予的"乐"，而是需要自己去寻找或构建的"乐"。

作者的童年生活就是在百草园中找"乐"，一直找到了三味书屋。

不过，百草园并非一年四季都有乐趣，课文这样交代："冬天的百草园比较的无味。"可见，作者也相对承认了百草园事实上就是一座"人迹罕至"的"荒园"。

虽然"雪一下，可就两样了"，但"拍雪人和塑雪罗汉"正是由于无人鉴赏而显得"不相宜"，"只好来捕鸟"。

你看，这里的"只好"一词就显露出了"我"的无奈。

况且，"薄薄的雪"对于捕鸟也"是不行的"，还要满足一些考验人耐心的条件——"总须积雪盖了地面一两天，鸟雀们久已无处觅食的时候才好"。

我们可以从句中"积雪盖了地面一两天""久已"等这些词句中发现，找"乐"也是挺不容易的一件事。

因此，冬天的百草园只有在下雪，而且是"积雪盖了地面一两天，鸟雀们久已无处觅食的时候"，才有可能在捕鸟中找到乐趣。

但是，在"无味"中寻找或构建自己的快乐，不正是孩子们的天性吗？

即便是"短短的泥墙根一带"有着"无限趣味"，也同样需要"我"积极主

动地审美参与。

油蛉、蟋蟀发出悦耳的鸣叫，"我"便把它们形容为"低唱"和"弹琴"；

颜色"好看"①的蜈蚣需要"我""翻开断砖"才会被发现；

玩弄斑蝥必须"我""用手指按住它的脊梁"方能奏效；

何首乌根给"我"带来了无限的吸引力——"何首乌根是有像人形的，吃了便可以成仙"，于是"我"也产生了无穷的动力——"常常拔它起来，牵连不断地拔起来"；

还有覆盆子，如果不是"我"曾经被刺扎过，又怎会知道摘覆盆子需要"不怕刺"的勇气呢？如果"我"没有品尝过覆盆子，又怎会知道它的味道"又酸又甜"，比"桑椹要好得远"呢？

再看"碧绿的菜畦，光滑的石井栏，高大的皂荚树，紫红的桑椹"这一句，显然，它描写的顺序是从低到高；而"鸣蝉在树叶里长吟，肥胖的黄蜂伏在菜花上，轻捷的叫天子忽然从草间直窜向云霄里去了"这一句，描写顺序又是从高到低，然后又回到高处。

作者为什么要用这样一种高低错落的顺序去暗指"我"绵延起伏甚至是目不暇接的视线呢？

笔者想，这是为了充分展现"我"在"乐园"里心无挂碍与自在活泼的一种精神面貌吧。

还有"（轻捷的叫天子）忽然从草间直窜向云霄里去了"这一句，我们是否能够读出"忽然"这一词语在时间角度所表现的灵动，以及"从草间直窜向云霄里"这一短语在空间角度形成的反差与夸张，都已然成为"我"轻快活络心情的一种写照了呢？

而句尾"窜向云霄里去了"的"去了"这一带有儿童口语色彩的用词，也尽显出"我"的天真与活泼。

从文本传递出来的信息可知，百草园之所以被作者称为"乐园"，大多出于"我"在积极主动地"找乐"。无论是"将砖头抛到间壁的梁家"，还是"站在石井栏上跳了下来"，都映射出"我"调皮与淘气的童年。

所以，在《从百草园到三味书屋》一文中，作者不是要表现百草园的"乐"，而是要表现"我"在百草园中"找乐"，因为百草园也有比较"无味"的冬天，即使是在"有味"的春夏，也都需要"我"积极主动地审美观照。

这样看来，"三味书屋"是不是枯燥乏味已经不再重要了。因为无论它枯燥

① 周作人. 鲁迅的故家 [M]. 石家庄：河北教育出版社，2002：18.

乏味与否，哪怕是设定了各种各样的限制，作者也都能在三味书屋里找到与自己"很相宜"的时候：

趁先生读书入神的时候，大家都在找"乐"——"有几个便用纸糊的盔甲套在指甲上做戏"；"我"则是"画画儿"，结果"书没有读成，画儿的成绩却不少了"，最终还缓解了自己的囊中之困。

所以，与"百草园"相呼应，作者并没有要去揭露三味书屋本身的"有趣"或"无趣"。

请看这样一句话：

三味书屋后面也有一个园。

我们要特别留意这句话中的一个"也"字，就是因为它表明了作者实际上极力要与他的"乐园（百草园）"对应起来，因为"在那里也可以爬上花坛去折蜡梅花……"。你看，这句话中也出现了一个"也"字，如此一来，便足以证明作者鲁迅是将百草园里童年的明媚与欢乐延续到了三味书屋。

还有"爬上花坛去折蜡梅花""在地上或桂花树上寻蝉蜕""最好的工作是捉了苍蝇喂蚂蚁，静悄悄地没有声音"等，都是"我"在三味书屋找到的快乐。

况且，我们如果联系一下实际情况也可以知晓，三味书屋确实也不是一个环境极度阴森的地方，更不是人身受到极端限制的书塾。

据有关资料文献记载，三味书屋"可以说是在同类私塾中顶开通明朗的一个"[①]，"大小便径自往园里去，不必要告诉先生的"[②]。先生"有一条戒尺，但是不常用"，"也有罚跪的规则，但也不常用"，"先生律己严而待人宽，对学生不摆架子，所以觉得尊而可亲"[③]。

知人论世是文本解读的一个重要方法，它对于准确地解读课文内容、合理地把握作者的思想感情具有一定的积极作用。

由此可知，作者并没有将百草园与三味书屋对立起来，这就是鲁迅的宽广，因为他要写的不是百草园，也不是三味书屋，而是童年，真正的童年是任何力量都无法改变的。[④]

回首百草园，作者不禁抒发出这样的感慨："Ade，我的蟋蟀们！ Ade，我的覆盆子们和木莲们！……"

回首三味书屋，作者同样也产生了这样的喟叹："这东西（指绣像）早已没

---

① 周作人. 鲁迅的故家 [M]. 石家庄：河北教育出版社，2002：81.
② 周作人. 鲁迅的故家 [M]. 石家庄：河北教育出版社，2002：84.
③ 周作人. 鲁迅的故家 [M]. 石家庄：河北教育出版社，2002：81.
④ 余华. 写作的捷径 [J]. 小品文选刊，2017(12)：43.

有了罢。"

因此，无论是百草园，还是三味书屋，都是鲁迅童年的快乐时光在空间场所上的见证，作者都对它们怀有一番难以割舍的情感，因为从百草园到三味书屋，"我"童年的快乐依然在延续着。

从百草园到三味书屋，反映出"我"童年的成长

当然，从百草园到三味书屋，还要看到"我"童年成长的一面。

比如，当"我"听说三味书屋的先生很博学，便"赶忙"请教他"怪哉"这条虫，"想详细地知道这故事"，这就如同"我"以前听保姆长妈妈讲美女蛇的故事那样，却不料先生并非"我"的保姆长妈妈，他不仅严词拒绝，而且"似乎很不高兴，脸上还有怒色了"。

这时候，"我这才知道做学生是不应该问这些事的"。

我们可以看出，句中的一个"才"字便给了"我"童年思想上的一次成长，让"我"明白了"做学生"的唯一任务是"读书"，再也不能像以前那样听长妈妈讲故事了。

又比如，孩子们在三味书屋读书时，作者写出了他们的顽皮和淘气，让我们看到了同学们集体性的机灵或狡猾。

你看，"同窗们到园里的太多，太久"，被先生觉察后，大家心里发虚，便一个一个陆续溜回来，"放开喉咙读一阵书，真是人声鼎沸"。

其中"放开喉咙"和"人声鼎沸"就呈现出同学们将"功"补"过"的那股凶猛势头，连念了错别字也不管不顾了。

作者又细致刻画出三味书屋先生读书入神的样子——"总是微笑起来，而且将头仰起，摇着，向后面拗过去，拗过去"，以及先生读书入迷的腔调——"一座皆惊呢～～""千杯未醉嗬～～"。

可见，先生不仅在朗读时自己附加了一些"呢""嗬"等语气词，而且还读出了那种抑扬顿挫的语音或声韵在空气中回旋颤动的效果（这种效果用象声号"～～"标识），这样便能"幽默"[①]地从侧面表现出"我疑心这是极好的文章"，反映出"我"心理上懵懂的成长。

所以，从百草园到三味书屋，也有"我"思想情感的发展，反映出"我"童

---

① 周作人．鲁迅的故家 [M]．石家庄：河北教育出版社，2002：81.

年成长的一面。

综上可见，《从百草园到三味书屋》不是为了突出"百草园"和"三味书屋"这两个相反的极端，空间的转换也不是将"百草园"和"三味书屋"对立起来，而是强调了"我"从"百草园"到"三味书屋"这个空间转换过程中思想上的发展和情感上的演绎。在这个空间转换的过程中，既是"我"童年生活的一种延续，也有"我"童年的成长。

指向语文课程核心素养的课文阅读，可以尝试通过补充或完善课文标题，这样便有助于精准地梳理文章的脉络，有助于厘清并提炼出作者所要真正表现的核心内容。比如，如果对"从百草园到三味书屋"这一标题进行补充或完善，那么，我们会发现，作者鲁迅要表现的既不是"百草园"，也不是"三味书屋"，而是"我"的童年生活，标题中省略的主语就是"我的童年"，这样一来，我们就准确地找到了文本理解的重心，合理地把握住了作者的情感倾向，将课文阅读引向了深入。

"显出努力的样子"的"背影"

——解读《背影》

朱自清《背影》一文的魅力在哪里呢？"背影"为什么如此感人至深？

要解决这些问题，便需抓住《背影》一文的独特之处，那么，我们首先应当审视一下"背影"这个标题。

显而易见，这一标题并不太完整。"背影"自然是指"父亲的背影"，但这样去理解课文是远远不够的，或者说，这样的补题还没有扣紧文本的核心内容。

所以，我们要尝试为"背影"这个标题进一步添加修饰成分，通过补充或完善课文标题，找到"背影"这一父亲形象的本质力量所在，为解读课文打开恰当的突破口。

以语文课程核心素养为导向的课文阅读，必须以文本的语言作为前提或出发点，来抓住父亲"背影"的本质特征。因此，课文中描写父亲"背影"的语句便是我们要首先关注的重点。

厘清最重要的"背影"

在《背影》一文中，共有四次描写父亲的"背影"。

第一次在课文开头：

我与父亲不相见已二年余了，我最不能忘记的是他的背影。

第二次在父亲车站买橘时：

我看见他戴着黑布小帽，穿着黑布大马褂，深青布棉袍，蹒跚地走到铁道边，慢慢探身下去，尚不大难。可是他穿过铁道，要爬上那边月台，就不容易了。他用两手攀着上面，两脚再向上缩；他肥胖的身子向左微倾，显出努力的样子，这时我看见他的背影，我的泪很快地流下来了。

第三次在与父亲离别时：

等他的背影混入来来往往的人里，再找不着了，我便进来坐下，我的眼泪又来了。

第四次在课文结尾：

我读到此处，在晶莹的泪光中，又看见那肥胖的、青布棉袍黑布马褂的背影。

事实上，最重要的"背影"就是第二次父亲车站买橘时的"背影"，其他三次的"背影"都直接或间接地指向了它。

你看，第一次在课文开头所描写的"背影"和第四次在课文结尾所提到的"背影"，都是直接指向了第二次父亲车站买橘时的"背影"。

第三次是与父亲离别之际的"背影"——"等他的背影混入来来往往的人里，再找不着了，我便进来坐下，我的眼泪又来了"。这里的"背影"其实也是第二次父亲买橘时"背影"的延续。

父亲买橘时的"背影"触动了"我"泪点，故而"我"目送父亲离去时，他的"背影"仍留存着让"我"关注的价值：除了对父亲"无尽的牵挂"[1]之外，还有对父亲的理解与体谅。

而且，"'我的眼泪又来了'，是上面流泪（指'我'看到父亲买橘时的背影而流泪）的延续。"[2]从中可知，父亲离别的"背影"与他买橘时的"背影"

---

[1]　人民教育出版社课程教材研究所中学语文课程教材研究开发中心．义务教育教科书教师教学用书　语文　八年级上册［M］．北京：人民教育出版社，2019：211.

[2]　人民教育出版社课程教材研究所中学语文课程教材研究开发中心．义务教育教科书教师教学用书　语文　八年级上册［M］．北京：人民教育出版社，2019：213.

在作者情感上存在着间接关联。

可见,《背影》这篇文章是紧紧围绕着第二次父亲车站买橘时的"背影"而展开的。

对父亲"背影"蕴含着情感温度的一句话

明确了最重要、最核心的"背影"形象之后,我们要着重阅读父亲买橘这一段文字,来找到父亲"背影"的本质特征。

我看见他戴着黑布小帽,穿着黑布大马褂,深青布棉袍,蹒跚地走到铁道边,慢慢探身下去,尚不大难。可是他穿过铁道,要爬上那边月台,就不容易了。他用两手攀着上面,两脚再向上缩;他肥胖的身子向左微倾,显出努力的样子,这时我看见他的背影,我的泪很快地流下来了。

你看,刻画父亲"背影"的一系列语句,诸如"蹒跚""慢慢探身下去""两手攀着上面""两脚再向上缩""肥胖的身子向左微倾"等,实际上最终都归结于这一句话——"显出努力的样子"。

因为,"显出努力的样子"一句是作者朱自清对父亲"背影"蕴含着情感温度的总括式的描摹。可以这样说,在作者眼里,"显出努力的样子"就是父亲"背影"的本质特征。

某些学者将这段文字解读为父亲攀爬月台时吃力费事,以表现出他的艰难与不容易。但在笔者看来,与其这样解读,倒不如说这些语句显示出父亲的"努力"。"努力"比"吃力"更具有积极主动的意味,父亲在这里应是积极主动地"努力"去做他认为应该做的事。

父亲遭遇家庭变故而产生的困顿,父亲为"我"送行而表现的迂执,父亲车站买橘显出的艰难等,这一切都集中在父亲在攀爬月台时,那个"显出努力的样子"的"背影"里了。

纵观全文,我们也可以看到父亲处处都在"显出努力的样子"。

比如,当"我"看到"满院狼藉的东西",又想起刚刚过世的祖母,不禁悲伤流泪,父亲却劝慰道:"事已如此,不必难过,好在天无绝人之路。"他这样讲其实也是在提振自己,作为一家之主,无论发生什么变故也要给家人树立信心,不能表现出灰心丧气的样子。这就显出父亲的"努力"。

从满院狼藉的徐州住所到变卖典质致使家徒四壁的老家扬州,失业的父亲偿还亏空、借高利贷、料理丧事，但他丝毫没有被祖母去世、差使交卸、家道中落、生计艰难等种种祸事吓倒，反而还要主动到南京重新谋事。可见，父亲对生活的态度是积极努力的。

又比如，父亲本来说定不送"我"去车站，请一个熟识的茶房陪同，"他再三嘱咐茶房，甚是仔细。"

茶房本是熟识的，却被父亲如此地"再三嘱咐"，而且"甚是仔细"。我们在阅读时，要敏锐地抓住这种互为矛盾式的叙写——熟识的茶房反而需要再三仔细地叮嘱，从而带动思维，激发思辨，体味出父亲表现父爱的"努力"程度之深。

尽管如此，父亲最终还是决定亲自为"我"送行，他从原来说定不送"我"到转变为终于决定还是送"我"，从这一变化中我们也能感受到父亲"努力"的彻底程度。

再比如，车站送行时，同样表现出父亲的"努力"：

我买票，他忙着照看行李。……他便又忙着和他们讲价钱。

你看，作者两次反复地交代了父亲"忙着"，说明了他亲自送行比熟识的茶房陪同更显得可靠。

父亲又帮"我"拣定一个靠车门的座位，又"嘱""我"路上的注意事项，还"嘱托"车上的茶房帮忙关照。

你看，又是两次反复的"嘱"，进一步表明父亲仍把"我"当作一个少不更事的孩子，并"努力"地为"我"这个少不更事的孩子妥善打理。

既然全文几乎处处都在表现父亲"努力的样子"，那么"我"对父亲的"努力"持有一种怎样的态度呢？这是有一个变化过程的。

我们要循着父亲的"努力"这条线索，探究全文的主要情感脉络。

显然从一开始，"我"对父亲的情绪是对抗性的、抵制性的、自作聪明的，嫌父亲"说话不大漂亮"，心里暗笑他的"迂"，对父亲表现出不耐烦等态度。

直到"我"看见了他为"我"买橘子时那个攀爬月台的背影——那个"显出努力的样子"的"背影"时，"我"从此才逐步认识到自己的冷漠、幼稚与聪明过头。

可见，"背影"之所以打动人心就在于它"显出努力的样子"，这是作者对父亲"背影"蕴含着情感温度的一句话，父亲"显出努力的样子"的"背影"最为感人，"我的泪很快地流下来了"的原因也在于此。

若干年后，作者在撰写《背影》这篇回忆性散文时，便开门见山地直抒胸臆道："我最不能忘记的是他的背影。"结尾时仍然直抒胸臆道："在晶莹的泪光中，又看见那肥胖的、青布棉袍黑布马褂的背影。"

这个"背影"就是指父亲"显出努力的样子"的背影，它承载着父亲对"我"的父爱，而"我"的《背影》一文，则承载着"我"对父爱的理解。

"我"的思想感情变化历程就是《背影》的主要情感脉络。

所以，如果将《背影》理解为父爱或父子情，那么是游离或模糊了本文的主要情感脉络；如果解读为"我"对父爱的理解，可能也对"父爱"的定义略微宽泛了些；因为细究文本，我们更应该看到父亲"努力"表现出来的那种父爱。因此，我们理应紧贴着文本这样去解读："我"对父亲在艰难和困顿时"努力"表现出来的父爱产生了感动和理解。

"背影"这一标题可以补充或完善为《父亲"显出努力的样子"的背影》。

因为这样补题，我们便紧扣了文本的语言，捕捉到作者的情感，梳理了课文的脉络，抓住了核心内容。

父亲在现实中的"努力"

文本解读离不开知人论世，这是走向深度阅读的一种路径。了解作者朱自清和父亲在现实中的关系与恩怨往事，有助于我们理清文章的来龙去脉，有助于我们准确地理解课文内容，以及合理地推断作者的思想感情。

联系实际情况，从中可以看出，父亲对作者的关爱也一直是付出极大的"努力"的。

据朱自清的弟弟朱国华这样介绍："1916年，我家境况已大不如前，父亲尽了最大努力，非常体面地为（朱）自清筹办了婚事并送他上北京大学读书。……这以后不久，父亲的公卖局长职交卸了，他老人家特地关照我：不要写信把这些琐事告诉大哥（指朱自清），以免他学习分心。"[1]

而课文中出现的"紫毛大衣"，是朱自清"结婚时期父亲给做的……父亲给做这件衣服，可很费了点张罗"[2]。因为当时家境已经很困难了，可是父亲却担心儿子朱自清不耐北方的寒冷，特地托人定制了这件"紫毛大衣"。

还有课文中出现的"橘子"，对于朱自清的弟弟朱国华来说，就更能够理解其中的深意了："在过去的日子里，不要说几个橘子，就是金橘子、银橘子也不

---

① 朱国华. 朱自清与《背影》[N]. 人民政协报，1998-10-25（3）.

② 朱自清. 朱自清全集（第四卷）[M]. 长春：时代文艺出版社，2000：1510.

为稀罕。然而，此时的父亲已是负债累累，囊空如洗，这一堆朱红的橘子便不同寻常了。"①

作者也在《背影》一文中细致地描摹出父亲的"努力"："（父亲）将橘子一股脑儿放在我的皮大衣上……"其中"一股脑儿"形象生动，显现出他关爱儿子的"努力"程度，恨不得把世上所有最好的东西通通送给"我"。

还有"（父亲）扑扑衣上的泥土，心里很轻松似的"一句中"似的"一词也暗示出父亲买橘攀爬的辛苦与囊中羞涩的苦衷，然而他却"努力"地故作轻松。

后来父子失和，两人几乎断了来往。朱自清"东奔西走"，漂泊异乡；可是父亲仍通过写信"努力"地修复两人之间的关系，"不过都是用关心孙子的名义，表面上好像对儿子（指朱自清）的状况不闻不问"②。

1925 年，父亲在信中这样说："我身体平安，唯膀子疼痛厉害，举箸提笔，诸多不便，大约大去之期不远矣。"

我们又可以从中看出"我身体平安"和"大约大去之期不远矣"这两句话的自相矛盾，这分明是父亲在含蓄地表达自己内心特殊的感受或特别的感情。一辈子争强好胜的父亲似乎也在"努力"地示弱了。朱自清读罢，感慨万千，"泪如泉涌。我父亲待我的许多好处，特别是《背影》里所叙的那一回，想起来跟在眼前一般无二"③。于是便写下《背影》一文。

1927 年，父亲又写信给朱自清，表面上是问候阿九（指朱自清的长子），但信中却这样对朱自清说："我没有耽误你，你也不要耽误他（指阿九）才好。"④朱自清"为这句话哭了一场"⑤，他反省道："我为什么不像父亲的仁慈？我不该忘记，父亲怎样待我们来着！"⑥

所以，"显出努力的样子"的"背影"是父亲人格力量的具体体现，它过滤掉了父亲缺点与过失的一面，让我们从另外一个视角来窥出父亲那埋藏甚深的、赤裸倔强的、作为一个父亲的责任与担当。《背影》一文就是在表达"我"从父亲面对艰难困顿时"显出努力的样子"中逐步理解了父爱。

父爱的平凡，在于努力；父爱的伟大，也在于努力。

这也许就是朱自清的《背影》一课给学习者的一番启发吧。

---

① 朱国华．朱自清与《背影》[N]．人民政协报，1998-10-25（3）
② 李超．《背影》背后父与子的故事 [N]．中国青年报，2018-11-15（12）．
③ 朱自清．朱自清全集（第四卷）[M]．长春：时代文艺出版社，2000：1631．
④ 朱自清．朱自清全集（第一卷）[M]．长春：时代文艺出版社，2000：74．
⑤ 朱自清．朱自清全集（第一卷）[M]．长春：时代文艺出版社，2000：74．
⑥ 朱自清．朱自清全集（第一卷）[M]．长春：时代文艺出版社，2000：74-75．

指向语文课程核心素养的课文阅读，可以尝试通过补充或完善课文标题，廓清"背影"这一重要线索所呈现的本质特征，梳理全文主要的情感脉络，再结合父亲在现实生活中为"我"付出的"努力"等实际情况，这样就会使我们对课文的解读愈加趋向于准确而合理，切实地走向深度学习。

第二节 还原标题，凸现情怀

拙政诸园寄深眷

——解读《苏州园林》

指向语文课程核心素养的课文阅读，不妨适当地还原一下课文原来的标题，尝试从原标题来观照课文，这样或许会更为合理地把握住作者的思想情感，从而更加精准地解读文本。

比如叶圣陶的《苏州园林》一文，原来的标题是《"拙政诸园寄深眷"——谈苏州园林》，我们可以从原标题看出，文章饱含着作者对苏州园林很深的眷恋之情。

所以，《苏州园林》一文，我们不能仅仅将这篇课文解读为说明类的文章，更要透过作者对苏州园林的介绍与描述，去感受叶圣陶先生对故乡园林的一腔眷恋之情。

文本矛盾透出作者的深情

课文一开头，作者就交代了苏州园林有很多——"据说有一百多处"，但是他紧接着又说自己"到过的不过十多处"，可见，作者并非游遍了苏州的所有园林。

他后来在《从〈扬州园林〉说起》一文中也这样说："苏州园林多，这许多摄在相片（指陈从周教授编撰《苏州园林》里的 195 张照片）里的园林，大部分我没过过。"[①]

应当说，一个没有到过大多数苏州园林的人，却"觉得苏州园林是我国各地

---

① 顾农 . 扬州的风景 [M]. 上海：上海画报出版社，2001：180.

园林的标本"，这样的判断似乎在逻辑上是极其矛盾的。我们在阅读时，应牢牢抓住文本中矛盾冲突的地方，进行思考与辨析，从中分析合理的因素。

毋庸置疑，我们可以在作者的情感方面找到合理的因素——文本中这一矛盾冲突恰恰折射出作者对故乡苏州园林的眷恋之深，"标本"一词就呈现出他对故乡苏州园林的地位以及影响力充满了一种自信或自豪。

作者更是在课文开头部分就确立了这样的结论："谁如果要鉴赏我国的园林，苏州园林就不该错过。"你看，句中一个"就"字以强烈的语气寄寓着叶圣陶先生对苏州园林深深的眷恋之情。

绝对化用语体现情深

指向语文课程核心素养的课文阅读，需要关注文本中一些绝对化、夸张性的用语，因为这些语句一方面必然是对事实进行了一定程度的夸张，会影响到正常的逻辑，但另一方面则是非常突出强调了作者的情感倾向，所以站在作者主观情感色彩的角度上看，这些语句虽然不一定符合事理，但却合乎情理，因此会冲淡逻辑方面的"违和"感。

比如，第二段文句：

似乎设计师和匠师们一致追求的是：务必使游览者无论站在哪个点上，眼前总是一幅完美的图画。……总之，一切都要为构成完美的图画而存在，决不容许有欠美伤美的败笔。

你是否感觉到，句中的"务必""无论""总是""完美的图画""一切""决不容许"这些语句的绝对化色彩呢？

为什么作者会在短短几句话里使用了这么多的绝对化语句呢？

课文第二段是作者叶圣陶对苏州园林的总体特点表达的个人感受。因而，这些词语均是作者用来强调设计者和匠师们对苏州园林的建造抱着一种追求完美的坚定决心。

你看，"完美的图画"一词就反复出现了两次，突出了叶圣陶先生极尽苏州园林之美，并给予它最高的评价——源于自然又高于自然，没有任何缺点的艺术精品。

可见，这些不留余地的限定性语句，充分体现了作者对家乡园林的情深义重。

又如，第三段文句：

13

苏州园林可绝不讲究对称，好像故意避免似的。东边有了一个亭子或者一道回廊，西边决不会来一个同样的亭子或者一道同样的回廊。

为了强调苏州园林的建筑不讲究对称，作者使用了"绝不"一词，侧重于客观上的完全不可能，表明苏州园林是纯粹呈现自然之趣的"美术画"。

而"决不"一词则是作者站在园林设计者的立场上，对将来的设计行为持有一种坚决否定的态度。类似的还有课文第四段说明水面桥梁的一句——"假如安排两座以上的桥梁，那就一座一个样，决不雷同"中的"决不"。

这样一来，作者在突出苏州园林建筑自然美的同时，也流露了他对园林建筑的自然美所寄予的深眷。

再如，第七段文句：

游览者必然也不会忽略另外一点，就是苏州园林在每一个角落都注意图画美。

句中的"都"，这一表示范围的副词，强有力地总括了"（苏州园林的）每一个角落"；

第八段文句：

苏州园林里的门和窗，图案设计和雕镂琢磨功夫都是工艺美术的上品。

句中也有一个"都"，也是范围副词，它将"（苏州园林的门和窗）图案设计和雕镂琢磨功夫"也纳入工艺美术的上品；

第八段文句：

四扇，八扇，十二扇，综合起来看，谁都要赞叹这是高度的图案美。

句中还是有一个"都"，仍作为范围副词，表明"所有游览者"无一例外地会发出赞叹。

可以说，这三个"都"完全覆盖了苏州园林的每一个角落、每一扇门窗以及每一位游览者，不仅增强了文章对苏州园林图画美的表现力，更反映出作者叶圣陶对家乡园林的深厚情结。

如果文本里出现了这类绝对化用语，那么倒是给予了我们阅读分析的契机，引领我们展开思辨，反思它们的合理程度，进而体悟作者运用这些语句的用意，把握好作者的情感倾向，从而精准地解读课文内容。

修辞立其诚

《易经》中"修辞立其诚"这句话，是强调写文章必须从心底来说真话。

"修辞"后来演变成修辞学上的一个词语，它突出写文章要善于修饰语句，提高语言表达效果，使之准确、鲜明、生动地表现作者的思想感情。

因此，我们不妨将"修辞立其诚"一句阐释为，作者叶圣陶在文中运用了一些修辞手法来表现出自己对苏州园林的眷恋程度之深吧。

比如，第四段文句：

或者是重峦叠嶂，或者是几座小山配合着竹子花木，全在乎设计者和匠师们生平多阅历，胸中有丘壑，才能使游览者攀登的时候忘却苏州城市，只觉得身在山间。（原作的句子是：才能使游览者远望的时候仿佛观赏宋元工笔云山或者倪云林的小品。）

这句话描写出假山的堆叠或几座小山配合着竹子花木的园林景致。

我们还原原作，便可从中看出，作者是通过图画打比喻的修辞手法来抒写的。叶圣陶先生将堆叠的假山或小山配合着竹子花木等园林景致比作了宋元时期的艺术画——"宋元工笔云山或者倪云林的小品"，这表明他把园林中假山、竹子和花木的构思与布置抬举到了一个很高的地位。

这是因为工笔云山国画以宋元时期的水平最高，而建造园林的宗旨就是以山水画作为参照，极力去还原自然之趣。

又因为倪云林系元代南宗山水画的杰出代表，擅描山水、竹石、枯木，开创"折带皴"画法绘写山石；倪云林还自称"逸笔草草，不求形似"，"聊写胸中逸气"，这也恰恰与文中提及的设计者和匠师们"生平多阅历，胸中有丘壑"这一内容相呼应。

不过遗憾的是，"使游览者远望的时候仿佛观赏宋元工笔云山或者倪云林的小品"一句在选入课文时被删掉了。如若不然，既可契合前文所交代的苏州园林是"完美的图画"或"如在画图中"这一总体特点，又能点明了该段（课文第四段）"苏州园林是一项艺术而不仅是技术"这一主题，更重要的是，通过宋元工笔云山或倪云林小品的设喻，可以生动形象地描摹出苏州园林假山花木等景致之完美，凸显作者的眷恋程度之深。

对于园林池沼里的金鱼或各色鲤鱼，叶圣陶先生又引用了汉代乐府民歌《江南》的"鱼戏莲叶间"一句，来表现夏秋季节荷花或睡莲开放时"鱼戏莲叶东，鱼戏莲叶西，鱼戏莲叶南，鱼戏莲叶北"那种"飘忽不定的情趣"[1]。

一派热闹、活泼的动态从安静娴雅的园林氛围里跃然而生。所以，紧承其后的一句"又是入画的一景"便真切有力地表露出作者对园林池沼所呈现的自然美

<hr/>

[1]　朱光潜. 诗论 [M]. 合肥：安徽教育出版社，1997：222.

或自在美蕴含着深深的欣赏与怀念。

《江南》系汉乐府民歌的名篇，《乐府古题要解》对此评述道："《江南》古辞，盖美其芳晨丽景，嬉游时得。"①

由此可知，"鱼戏莲叶间"是以鱼儿在莲叶之间游来躲去隐喻青年人之间的嬉戏。因此在笔者看来，作者在这里的借引汉代乐府民歌《江南》恐怕也是要勾回自己在孩提、青少年时与同窗好友在苏州园林中的"嬉游"记忆吧——作者曾填词一阕《洞仙歌》来追忆自己与苏州园林的情缘，其中就有这样一句："想童时常与窗侣嬉游，踪迹遍山径楼廊汀岸"。《洞仙歌》一词原在《拙政诸园寄深眷——谈苏州园林》一文的开头部分，但原作的开头被教材编者删去了。否则，前有《洞仙歌》"想童时常与窗侣嬉游"，后有《江南》的"鱼戏莲叶间"，二者相互呼应，文本意脉前后相承，烘衬出一股充满勃勃生机的青春和活力，便可充分揭示出作者对童年往事、对家乡园林的回忆与眷念之深。

为了表现园林树木的栽种和修剪所呈现的画意，作者还运用了拟人的修辞——"高树与低树俯仰生姿"，高树好像低着头，矮树好像抬着头，错落有致，交相辉映，形成了一种同声相应、同气相求的优美风姿；而将古老藤萝开花的盛状夸饰为"满眼的珠光宝气"，朵朵花儿闪耀着珍宝的光色，课文虽然说："使游览者感到无限的繁华和欢悦"，但我们从中更领略到作者自己内心的欢愉与甜蜜吧！

花木是园林的生命，叶圣陶先生也极其喜欢种植花草树木，这在他的《牵牛花》《天井里的种花》《抗战周年随笔》等文章中均有表述。叶先生曾住在上海的石库门房子，"只有狭小的天井，而天井又是水门汀（水泥地）的，没法下种，于是他专门去买了十几个瓦盆，在瓦盆里种了许多牵牛花。……后来，在瓦盆里种花还觉得不够尽兴，于是干脆敲掉水泥地，铺上泥土，来种花卉树木"②。

由此可知，作者对园林花木所呈现的画意运用了拟人、夸张等手法修饰，不仅仅是为了渲染园林花木鲜艳繁茂的气象，更是将他自己对家乡园林的情感推向极致。

作者叶圣陶生于苏州、长于苏州，从小就对园林特别感兴趣，经常与好友游览苏州园林，或是在园子里举行文学活动。他曾经这样说："拙政园，沧浪亭，怡园，留园，网师园，几乎可以说每棵树，每道廊，每座假山，每个亭子我都背

---

① 郭茂倩. 乐府诗集 [M]. 北京：中华书局，1979：384.
② 沈鸿鑫. 叶圣陶钟情苏州园林 [J]. 世纪，2009（3）：63.

得出来。"[①] 可见他对苏州园林的感情至深。新中国成立后，叶圣陶先生长期居住北京，"然而他对苏州园林仍是梦牵魂萦"[②]。

综上可见，《苏州园林》一文中并没有一句动感情的话，但我们仍能从字里行间读出作者对家乡园林的深厚情意。叶圣陶先生并不是单纯介绍苏州园林的建筑、布局、栽种等原理或情况，而是通过这些原理或情况的阐发，表达出他个人对家乡园林的"深眷"。

指向语文课程核心素养的课文阅读，如果能够还原课文原有的标题，从原来的标题中窥出作者的情感倾向，那么会对准确而合理地解读文本大有助益。叶圣陶的《苏州园林》就是一个很好的例子。

---

① 顾农. 扬州的风景 [M]. 上海：上海画报出版社，2001：180.
② 沈鸿鑫. 叶圣陶钟情苏州园林 [J]. 世纪，2009（3）：64.

第二章　动态体察关键词　提升思维品质

第一节　提领"文眼"，整合全篇

《陋室铭》的内涵在于"德"

阅读《陋室铭》一文可以紧扣一个"德"字。因为课文作者刘禹锡主要在宣扬"德馨"，"德馨"指能够流传广远的美德。

所以，"德"是《陋室铭》的"文眼"，是最能揭示文章中心思想、涵盖课文主要内容的关键性词语。

指向语文课程核心素养的课文阅读，要学会抓住文章的"文眼"，而且能够通过"文眼"对全文的脉络进行梳理，廓清作者行文的思路，把握文章各部分之间的联系，准确地理解文意，合理地推断作者的思想感情。

那么，刘禹锡在《陋室铭》一文中是如何围绕"德"这一"文眼"来展开阐述的呢？

"德"在于注重内在价值

文章一开头就直接指出了"山""水""陋室"等事物的内在核心：

山不在高，有仙则名。水不在深，有龙则灵。斯是陋室，惟吾德馨。

山不在于外形上的高度，有仙人居住就闻名了。"仙"就是山的内在。水不在于表面上的深度，有龙就显得神异了。"龙"就是水的内在。

那么，简陋狭小的居舍难道不也是作者的身外之物吗？所以，人的安身立命之本就在于他内在意义上的"品德"，而非外在的豪奢。

苔痕上阶绿，草色入帘青。

尽管"陋室"的台阶上布满了苔藓滋生的痕迹，青草的颜色也映入了竹帘，但"苔痕""草色"对于作者而言，也都属于外在的东西。作者追求的不是家居环境的豪华，而是高尚的道德情操。

我们说，"德馨"不一定能改变外在环境，然而它可以改变一个人的内心世界，使这个人拥有智慧、信仰、丰富的心灵，从而改变他与外在环境的关系。

因而，从这层意义上看，"苔痕上阶绿，草色入帘青"虽然表现作者家居环境的简陋寒酸，可句末的"青""绿"二字，其实是从深层意义上折射出作者生意盎然的情感态度与人格精神。

你看，文章一开头，作者便开宗明义，明确了"德"在于注重内在价值，而不在于追求外在形式。

指向语文课程核心素养的课文阅读，要敏锐地看到"山高""水深""陋室""苔痕""草色"等这些形式上的东西，更要体察作者对"德"之内涵在外延上的动态性展开："仙"是"山"的内在，"龙"是"水"的内在，进而引出"德"是"陋室"的内在；又围绕着"德"，点出"绿""青"二字所蕴含的作者的感情色彩与内在精神。

修德的方法

接下来，作者提出自己修养德行的一些方法：

（一）善学好问、追求学识

谈笑有鸿儒，往来无白丁。

"鸿儒"即学识渊博之人，"鸿"即"大"。"谈笑有鸿儒，往来无白丁"揭示了作者的人生追求——"见贤思齐""择善而从"。这是一个人修身养德的座右铭。

比如，三国时期的诸葛亮每每将自己比作管仲、乐毅；西汉的扬雄仿照司马相如的赋作《甘泉》《羽猎》，仿照《论语》作《法言》，仿照《易经》作《太玄》。他们遇到有德行的人就虚心向学，努力让自己朝着好的行为方式看齐。《中庸》第二十七章（修身）也这样说："君子尊德性而道问学。"①

所以，向优秀的人学习，与饱学之士、博达之人切磋谈笑，不与不学无术或缺乏知识的人来往，这就是进德的一种表现，是作者修养德行的一种方法。

（二）调素琴

琴，原本就是一种修正自己、规范自身的乐器。

汉代班固《白虎通》认为："琴，禁也。正人心也。"而文中的"素琴"又强调了琴的"质朴无华，不加装饰"，那么它必然更加指向弹奏者的内在雅趣。

古典文学家金性尧这样说，弹素琴"正是为了养性"②。

自古以来，"素琴"与文人雅士的高尚德性也是紧密相关的。

比如，汉代秦嘉《留郡赠妇诗》之三："芳香去垢秽，素琴有清声。"唐代李白《幽涧泉》："拂彼白石，弹吾素琴。"宋元马端临《文献通考》卷137《乐考十》也记载道："陶渊明不解音律而畜素琴一张，每有酒辄抚弄以寄其意，可谓达君子无故不彻琴瑟之意矣。"

由此可知，作者"调素琴"也同样表明他的志趣在于讲求内在的历练。

所以，调素琴也是作者修养德行的一种方法。

"调素琴"显然与下文"丝竹"之声的内涵有所不同——"调素琴"属于自我内心方面的音乐节奏，"丝竹"属于世俗方面的基调；前者是内省的、主动的、自适的，后者则是外在的、被动的、喧嚣的。与其说"丝竹"之声"乱耳"，倒不如说是"乱心"。

（三）阅金经

同样道理，作者在阅读方面也有取舍——他愿意看"金经"，而不喜批阅"案牍"（官府的公文）。原因在于后者"劳形"，官府的公文使人操心劳神、费力伤身。

那么，"阅金经"难道就不累人了吗？

据《汉语大词典》，"金经"指"佛道经籍"。《古文观止译注》（上海古籍出版社1999年版）对"阅金经"的解释也是如此。

众所周知，佛道经籍都有一个共同特点，即修身养性、导人向善。在中国古代，读经或抄写经文都是很平常的事情，它早已被文人、士大夫以及幼学童子、书生所接受，绝不是出家人或修行者才可独享的"专利"。

---

① 曾参，子思. 大学·中庸 [M]. 太原：山西古籍出版社，1999：151.
② 上海辞书出版社文学鉴赏辞典编纂中心. 古代小品文鉴赏辞典 [M]. 上海：上海辞书出版社，2011：205.

读经的过程就是调心的过程，明理增慧，明心见性，从某种程度上是一种提高道德修养的方式。

在作者眼里，"阅金经"是内向的、自在的、脱俗的，而"案牍"则是外向的、拘束的、世俗的。所以，"阅金经"也是作者修养德行的一种方法。

可以调素琴，阅金经。无丝竹之乱耳，无案牍之劳形。

我们从中可以看出，"调素琴"与"丝竹"形成了一次呼应与对比，"阅金经"与"案牍"也形成了一次呼应与对比。这两次的呼应与对比相映成趣，使我们能够从听、视两个层面的呼应与对比中窥出作者刘禹锡的人生价值取向：向内发展，涵养德性，洁身自好，不追慕外在的名利地位。

你看，作者围绕着"德"这一"文眼"，列举了自身修养德行的一些方法：善学好问，追求学识，调素琴与阅金经。它们既是修德的方法，也是"德"的一些外延表现。所以，我们要动态地体察"德"这一关键词，看到作者"谈笑有鸿儒""调素琴""阅金经"等行为背后所透露出来的"德馨"。

引用名人居所和名人名言自勉

然后，作者刘禹锡又引用了一些名人的居所用来自勉：

南阳诸葛庐，西蜀子云亭。

作者把"诸葛庐""子云亭"作为自己"陋室"的榜样，以诸葛亮、扬雄作为自身的楷模，自然也是将他们二人的"德"作为最关键的核心要素。

那么，诸葛亮、扬雄的"德"体现在哪里呢？他们二人都是自甘淡泊的人，"诸葛庐""子云亭"则是他们独善其身、甘于平淡的外在表现形式。

诸葛亮年少时因父母双亡，随叔父避乱荆州，隐居于南阳隆中，住在简陋的草庐之中。他"躬耕于野，不求闻达"[1]。在《出师表》中，他也这样自述道："（我）苟全性命于乱世，不求闻达于诸侯。"[2]

诸葛亮博览群书，有才学卓见，被时人誉为"卧龙"。后来刘备纡尊降贵，三顾茅庐，诸葛亮"由是感激，遂许先帝（指刘备）以驱驰"[3]，但他最终的理想却是功成身退，重归田园过耕读生活。他在上书后主刘禅的遗表里这样说道："成都有桑八百株，薄田十五顷，子弟衣食，自有余饶。至于臣在外任，无别调

---

[1] 陈寿．三国志 [M]．北京：中华书局，1959：930．

[2] 陈寿．三国志 [M]．北京：中华书局，1959：920．

[3] 陈寿．三国志 [M]．北京：中华书局，1959：920．

度，随身衣食，悉仰于官，不别治生，以长尺寸。若臣死之日，不使内有余帛，外有赢财，以负陛下。"①他在告诫儿子的书信中这样写道："夫君子之行，静以修身，俭以养德。"②意思是说，作为君子应当以不受外界影响来修养自身素质，用节俭来培养自己的品德。

所以，诸葛亮的"德"体现在甘于淡泊，不追求外在的名利富贵，注重内在品德上。"诸葛庐"就是他"德"的一种象征。

扬雄是西汉著名的文学家，从小就十分好学，"博览无所不见"③。他对政治无野心，对名利也很淡泊，"不汲汲于富贵，不戚戚于贫贱"④。据《汉书·扬雄传》记载，扬雄原与王莽共事，王莽篡位后，扬雄仅仅担任了大夫这一官职，而且仍是从事整理古书和研究的工作。

扬雄闭门著书立说，"子云亭"曾是他的书房或住处。西晋文学家左思在其诗《咏史》（其四）中赞曰："济济京城内，赫赫王侯居。冠盖荫四术，朱轮竟长衢。朝集金张馆，暮宿许史庐。南邻击钟磬，北里吹笙竽。寂寂扬子宅，门无卿相舆。寥寥空宇中，所讲在玄虚。言论准宣尼，辞赋拟相如。悠悠百世后，英名擅八区。"这首诗以当时王侯贵族的豪华生活相比照，歌颂了扬雄穷居著书的生活。诗中"寂寂"二句表现出扬雄的门庭冷落，不与京城里的卿相权贵相来往的情形。

所以，扬雄的"德"体现在自甘寂寞，专心治学，独善其身。"子云亭"就是他"德"的一种象征。

作者之所以将"南阳诸葛庐，西蜀子云亭"放在一起，正是他倾慕诸葛亮、扬雄二人甘于淡泊的德行。作者引用这些名人的居所，是在围绕着"德"而进行的自我勉励。

最后，作者刘禹锡还引用了一句名人名言用以自勉：

孔子云：何陋之有？

如果我们读过《论语》，便知道孔子这句话出自《子罕》篇，原文是这样的："子欲居九夷。或曰：'陋，如之何？'子曰：'君子居之，何陋之有？'"

由此可见，作者刘禹锡引用了孔子的一句话"何陋之有"，却不显山、不露水地暗示出"何陋之有"的前一句"君子居之"，颇有一番机趣。

在孔子看来，"君子"和"德"是不可分割的，君子要重视自我修养，要努

①　陈寿.三国志 [M].北京：中华书局，1959：927.
②　欧阳询.艺文类聚 [M].上海：上海古籍出版社，1982：421.
③　班固.汉书 [M].北京：中华书局，1962：3514.
④　班固.汉书 [M].北京：中华书局，1962：3514.

力成为一个善良的人。

《论语·里仁》中这样定义"君子"："子曰：'富与贵，是人之所欲也；不以其道得之，不处也。贫与贱，是人之所恶也，不以其道得之，不去也。君子去仁，恶乎成名？君子无终食之间违仁，造次必于是，颠沛必于是。'"意思是说，君子必须要有仁德，在任何条件下，都不能离开仁德。汉代班固在《白虎通·号》中也这样称谓"君子"："或称君子何？道德之称也。"宋代王安石在《君子斋记》也说："故天下之有德，通谓之君子。"

可见，君子就是有德行之人。

作者刘禹锡引用孔子的名言"何陋之有"，暗示出"何陋之有"的前一句"君子居之"，目的就在于指明君子是不以"陋室"为陋的，君子不追求外在的形式，君子是追求内在德行之人。

所以，作者引用名人名言，也是用来表现自己对"德"的追慕，进行自我勉励的。

综上所述，《陋室铭》的内涵在于"德"，它是本文的"文眼"。

围绕着这一"文眼"，作者首先明确"德"在于注重内在价值，而不在于追求外在形式。

然后，作者又列举了自己修养德行的一些方法：善学好问、追求学识，通过调琴以进德，通过读经以养德，强调了"德"注重人内在的修为。

最后，作者援引"诸葛庐""子云亭"以及孔子的话以自勉，努力做一个有德性的君子。

"铭"就是这样一种警诫或劝勉自己的文体。

指向语文课程核心素养的课文阅读，就是要抓住《陋室铭》的"文眼"——"德"，并且围绕着"德"，梳理文本的结构与作者的思路，深入探究"德"的内涵与外延在作者心中的具体表现，这样便可准确地理解文意，合理地推断作者的思想感情。

"赵州桥"与"卢沟桥"的"惊人"之处

《中国石拱桥》一开篇就从古代神话与我国诗人作品等方面入手，将石拱桥比喻为天上的彩虹，渲染其优美的外在形式。

当然，作为桥梁专家，茅以昇先生其实更加看重石拱桥"结构坚固"这一特点：

（石拱桥）能几十年几百年甚至上千年雄跨在江河之上，在交通方面发挥作用。

你看，这句话中的"雄跨"一词就体现出作者的情感倾向：注重石拱桥的实用价值。

为此，这位桥梁专家将河北赵县的赵州桥与北京丰台的卢沟桥推认为"惊人的杰作"中最著名的两例代表。

其中"惊人"一词就是本文的"文眼"，作者茅以昇对赵州桥和卢沟桥的介绍均是围绕着这两座石拱桥"惊人"的特点而展开的。

那么，文中哪些语句指向了赵州桥和卢沟桥的"惊人"呢？这些语句又是如何表现出"惊人"的呢？指向语文课程核心素养的课文阅读，需要细细体察文中表现"惊人"这一特点的语言形式，从中领会作者的思想感情。否则，阅读课文无异于浮光掠影。

赵州桥是"技术上的名桥"

赵州桥的"惊人"之处，莫过于文中这样一句话："（赵州桥）是造成后一直使用到现在的最古的石桥。"

赵州桥历时千年，一直使用到今天，"更可贵的是，它今天还是原来老样子，并未经大改变"[①]。

所以，课文这样写道："（赵州桥）还保持着原来的雄姿。"

从这句话中，我们强烈地感受到，"雄姿"一词极尽了作者对赵州桥雄壮威武而亘古不变的赞佩之情。茅以昇先生也曾经骄傲地说："在古桥今用这件事上，我国（赵州桥）是足以自豪的。"[②]

于是，我们就不难理解作者茅以昇在《中国石拱桥》一文中如此地介绍赵州桥："赵州桥非常雄伟。"

因为在今天看来，一座长 50 多米、宽约 10 米的石拱桥实在不能算得上高大雄壮了，而赵州桥的"非常雄伟"应该不仅仅是那"初月出云，长虹饮涧"的优美外形，更在于它内在的坚固耐用，以至于历经千年岁月的磨洗，遭受无数的洪水、地震与兵燹的影响，到今天仍然坚固地为人们服务着。

---

① 茅以昇. 中国石拱桥 [M]. 武汉：长江文艺出版社，2018：4-5.
② 茅以昇. 中国石拱桥 [M]. 武汉：长江文艺出版社，2018：5.

　　你看，作者为什么要使用"非常雄伟""雄姿"来称说赵州桥呢？如果我们弄清楚了其中的原委，那么，我们对课文的阅读就不会走马观花，对"非常雄伟""雄姿"这两个词语的理解就不会浅尝辄止，而是可以实实在在地从中体会到作者在"非常雄伟""雄姿"中所蕴含的情感倾向。

　　一座桥的"健康长寿"（坚固耐用），关键在它的设计与施工技术。

　　桥梁专家茅以昇在课文中对赵州桥的设计与施工技术有一句堪称完美的评价——"桥的设计完全合乎科学原理，施工技术更是巧妙绝伦"。

　　不知你注意到没有，作者茅以昇居然使用了"完全合乎科学原理"的"完全合乎"与"巧妙绝伦"的"绝伦"这些绝对化用语，这似乎在科普说明文中属于大忌。但我们反过来想想，除了赵州桥，世界上还有哪一座石拱桥能历时千载而且至今仍在为人们服务着呢？

　　因此，"完全合乎""巧妙绝伦"这类看似绝对化、夸张性的词语，用在赵州桥身上，非但一点儿都不过分，反倒是十分符合客观事实，因为这更能表现出作者茅以昇对桥的设计与施工技术由衷地充满敬佩与赞叹。

　　指向语文课程核心素养的课文阅读，有时候需要关注文本中一些绝对化、夸张性的用语，反思它们的合理程度，这样可以引领我们进一步思辨这些词语的妙处，体会作者的用意。语文学习就是要通过学习语言文字的运用，来带动思维能力的发展，从而对作品进行审美鉴赏，形成文化的理解与传承。

　　既然赵州桥是"惊人的杰作"，那么它的设计与施工技术自然也是"惊人"的。

　　比如：

　　全桥只有一个大拱，长达 37.02 米，在当时可算是世界上最长的石拱。

　　我们发现，这句话中有一个表示限定的副词"只"，它强调出赵州桥大拱的唯一性，原因就在于"为了避免水中筑墩"[①]，以防止洪水冲垮桥墩。茅以昇先生对此解释道："在现存的赵州桥以前，洨河上必然有过桥梁，因桥墩一再坍塌，而一再重修。"[②]

　　可见，将赵州桥设计成独拱是有着"前车之鉴"的。

　　单从这一"只"字，便可看出当时李春等人造桥的设计思想遵循了客观实际，但他们又"由于形势所逼"[③]，不得不面临单孔长跨径这一桥型设计的挑战，而且这一跨度达到 37.02 米，"在当时可算是世界上最长的石拱"。最终这座古桥

---

① 茅以昇. 中国石拱桥 [M]. 武汉：长江文艺出版社，2018：59.
② 茅以昇. 中国石拱桥 [M]. 武汉：长江文艺出版社，2018：60.
③ 茅以昇. 中国石拱桥 [M]. 武汉：长江文艺出版社，2018：59.

以屹立至今的事实，有力地、完美地证明了当时李春等人的设计理念与施工技术的"惊人"。

又如，文中这样一句话：

桥洞不是普通半圆形，而是像一张弓，因而大拱上面的道路没有陡坡，便于车马上下。

我们又看到句中的一组关联词"不是……而是……"，它将"普通半圆形"与"弓（形）"对举，突出了"弓（形）"的不普通、不平凡。

因为据有关资料介绍，"根据建筑学家推算，像赵州桥这样空前的桥跨尺度，如果建成尖形或半圆形拱的话，估计高度将达 20 米以上，几乎要超过现在高度的两倍"[1]。

可见，将赵州桥长跨度的大拱造成"弓形"，的确是一项"惊人的杰作"。茅以昇先生亦对此高度评价道："可能是首创。"[2]

当年，李春等人充分考虑到了人们包括车马过桥的需求，于是大胆创新，放弃了"普通半圆形"，采用了"弓（形）"的设计。后来的事实也证明，"按照现在力学理论，扁弧比半圆更好，因可增加强度及稳定性"[3]。

这样看来，课文文句"赵州桥横跨在洨河上"中"横跨"二字颇为形象，"横跨"即横向跨越，是赵州桥"弓"形大拱生动的写照。

由此可知，我们的祖先，在一千多年前的七世纪，就对工程力学有如此"惊人"的理解和"惊人"的创举。

指向语文课程核心素养的课文阅读，要关注文本中的语言形式，并探究文章为什么要用这样的语言形式，为什么不用其他的语言形式，从而激发思辨，体会和领悟作者的情感倾向。

另外，赵州桥"大拱的两肩上，各有两个小拱"，这也是一项"惊人"的"创造性的设计"。

我们来看看它的设计背景，这样或许能更好地理解其"惊人"之处。

它的设计背景是："赵州桥建造者被迫想出减低边墙上水压力的方法……就是在大拱上，砌上 4 个横贯桥身的小拱。"[4]

于是，赵州桥成为"世界石拱桥中最早创建的'敞肩拱桥'"[5]。

① 张彬.赵州桥 [M].北京：中华书局，1963：12.
② 茅以昇.中国石拱桥 [M].武汉：长江文艺出版社，2018：60.
③ 茅以昇.中国石拱桥 [M].武汉：长江文艺出版社，2018：60.
④ 茅以昇.中国石拱桥 [M].武汉：长江文艺出版社，2018：62.
⑤ 茅以昇.中国石拱桥 [M].武汉：长江文艺出版社，2018：59.

赵州桥同样也具有不朽的艺术价值。全桥"结构匀称"，给人一种美感，再与周边景色和谐地搭配，唐朝张鷟便抒发出"初月出云，长虹饮涧"的赞叹；至于"桥上的石栏石板"的雕刻，"多系当时精品，亦值得称道"①。

总而言之，赵州桥是技术和艺术的统一，但是"它的技术是大大超过时代的"②。所以，我们不难看出，作者对赵州桥的建造技术投注了无限赞佩与满腔热情。在茅以昇先生的眼里，桥的主要设计者李春无疑就是一位"杰出"的工匠。课文末尾引介的"长虹大桥"和"双曲拱桥"其实都是对赵州桥的一种继承与发展。

因此，茅以昇先生将赵州桥视为"技术上的名桥"③。

卢沟桥是"历史上的名桥"

卢沟桥虽然不及赵州桥历史悠久，但首先也是坚固的——"永定河发水时，来势很猛，以前两岸河堤常被冲毁，但是这座桥极少出事，足见它的坚固。"

当然，它成为"惊人的杰作"的原因在于"在当时该是世界上少见的一座'联拱'大石桥，而且它的施工速度也是惊人的"。④

"联拱"的意思是"把许多拱联成一线，这个拱的脚就是下一拱的起点，因此这一线的许多拱就构成一个整体，每一拱上的'载重'就由全部各拱共同负担，因而是个很经济的设计"。⑤

可见，我们仍然要借助一些文献资料来了解卢沟桥的"惊人"之处。

不仅如此，卢沟桥的"惊人"之处更在于它艺术上的成就。

它艺术上的成就主要表现在桥柱上"不同姿态的狮子"。据茅以昇先生进一步介绍："最负盛名的石栏狮柱却自桥成至今，一直脍炙人口，名闻中外。……表现得最突出的是栏柱头的狮子，不但雕出的数量大，而且雕琢的艺术极高，画狮子形态淋漓尽致。"⑥

课文对此也着重进行了翔实的刻画，作者运用了摹状貌的说明方法分别对石刻狮子的肢体、嘴巴、耳朵与眼睛等各方面的特征进行了生动的描摹——"有的

①　茅以升．中国石拱桥 [M]．武汉：长江文艺出版社，2018：62.
②　茅以升．中国石拱桥 [M]．武汉：长江文艺出版社，2018：10.
③　茅以升．中国石拱桥 [M]．武汉：长江文艺出版社，2018：10.
④　茅以升．中国石拱桥 [N]．人民日报，1962-3-4(5).
⑤　茅以升．中国石拱桥 [N]．人民日报，1962-3-4(5).
⑥　茅以升．中国石拱桥 [M]．武汉：长江文艺出版社，2018：114.

母子相抱，有的交头接耳，有的像倾听水声，有的像注视行人"，以此呈现卢沟桥"惊人"的艺术风尚。

卢沟桥"惊人"的艺术方面在历朝历代也产生了深远的影响。

比如，课文文句"这座桥也是历来为人们所称赞的"中"历来"一词就说明了这种情况；另外一句"'卢沟晓月'很早就成为北京的胜景之一"中"很早"一词也是很好的证明。

那么，"很早"是什么时候呢？"据《明昌遗事》，金代起即有'卢沟晓月'之说"[①]。"卢沟晓月"从金章宗年间就被列为"燕京八景"之一，至明清两代，更是颂声遍野。经过文人墨客的渲染，卢沟桥成为我国历史各个时期著名的风景胜地，一直被人们所赞咏。

而且，卢沟桥还是一座在历史上闻名世界的名桥。

元朝时，意大利旅行家马可·波罗来到中国，就"十分推崇"这座桥，将它誉为"世界上独一无二的"。我们可以从《马可·波罗行纪》里看到他夸赞卢沟桥所使用的诸如"美丽"或"壮丽"这一类的形容词。卢沟桥随之逐渐蜚声海外，后来外国人都称之为"马可·波罗桥"。

所以，茅以昇先生将卢沟桥归入"历史上的名桥"[②]。

综上可见，桥梁专家茅以昇先生在《中国石拱桥》一文所列举的"赵州桥"与"卢沟桥"，实质上分别反映了我国劳动人民的技术自信与艺术自信，表达出作者强烈的民族自豪感。

桥梁是一个民族文化的表征，石拱桥更是实用主义与浪漫主义的结合。可以说，赵州桥在桥梁工程技术上创造了一个划时代的壮举，而卢沟桥则在艺术方面呈现出中华民族的浪漫与美。

指向语文课程核心素养的课文阅读，应当善于捕捉"文眼"，并且能够紧扣"文眼"来整合全文。我们不仅需要在课文中发现有哪些语句再现或指向了"文眼"，更需要学习这些语句是运用了怎样的语言形式来表现"文眼"的。无疑，"文眼"是一篇课文中的关键性语句，我们要对它进行动态的、灵活的体察，而不是机械的、僵化的识记，促进思维能力的发展，提升思维的品质。

---

① 茅以昇．中国石拱桥［M］．武汉：长江文艺出版社，2018：115.
② 茅以昇．中国石拱桥［M］．武汉：长江文艺出版社，2018：13.

第二节　"景语"传递"情语"

小石潭的环境

——解读《小石潭记》

被贬永州后，柳宗元为了疏解心里的抑郁与忧惧，经常游览当地的山水，写下了著名的《永州八记》。

当时的永州是一个荒凉僻远的地方。永州的山水，在柳宗元之前，是不为世人所知的。可是，这些原本荒芜敝陋、几近废弃的山水景致，在柳宗元的笔下渐渐地呈现出别有洞天的审美特征。

然而，颇为遗憾的是，只有"从小丘西行百二十步"见到的那一汪小石潭，最终带给作者"其境过清"的感觉。

"过"的意思是"非常、极"，"其境过清"则表示小石潭的环境过于冷清或是冷清到了极点，正是由于这一原因，柳宗元等人不得不"乃记之而去"。

《小石潭记》可以说是《永州八记》中唯一一篇描写环境过于冷清的游记，这无疑与作者被贬后无法排遣凄苦、忧伤的情绪相关。

那么，作者柳宗元是如何描写小石潭的环境的呢？小石潭的"景语"又是如何传递出作者的"情语"的呢？

"清冽"的潭水

如果我们读过《永州八记》的话，能够发现几乎每篇游记都在表现着柳宗元虽身处困厄却积极主动去发现美或创造美的行为。

《小石潭记》的开头部分自然也不例外：作者与同游的五人"隔篁竹，闻水声，如鸣珮环，心乐之"，从而"伐竹取道，下见小潭，水尤清冽"。

请注意，闻听水声泠泠，作者"心乐之"，但真正见到潭水后，柳宗元便使用了"清冽"一词予以形容。

据《汉语大词典》，"清冽"意为"清澄而寒冷"，所举例句即文句。这就说明"清冽"不仅在视觉方面展现了潭水的清澈，而且还透露出作者心理上的一丝寒意，这股寒意陡然之间冲淡了刚才的"心乐之"，显然也是与作者被贬的遭遇分不开的。

"皆若空游无所依"的游鱼

《永州八记》中的永州山水，可谓遍染了作者柳宗元的主观感情色彩，包括小石潭里的游鱼，也淋漓尽致地体现着"物我皆著我之色彩"[①]：

潭中鱼可百许头，皆若空游无所依。

不知你有没有发现，"空游"中的一个"空"字决不似唐代王建"潭影空人心"（《题破山寺后禅院》）的"空"表现得那样明净通透、了无挂碍，而是呈现了作者内心深处的一种失意、一种无依无靠的失落感。

公元805年，"永贞革新"失败了，改革派的核心人物王叔文被贬而死，柳宗元等人被谪降到偏远之地挂任闲职。作者失去了政治上的靠山，唐宪宗更是诏命"纵逢恩赦，不在量移之限"[②]，这样一来，便基本断送了柳宗元的政治前途。

被贬至永州仅半年左右，柳宗元的母亲辞世，女儿又病重，家庭方面的重大变故使他失去了亲人的依靠和温暖；而他自己身体的健康状况也在迅速地恶化，"百病所集，痞结伏积，不食自饱。或时寒热，水火互重，内消肌骨"[③]，他身体虚弱到了"行则膝颤，坐则髀痹"[④]的地步。以至于柳宗元在给朋友的信中绝望地说道："假令万一除刑部囚籍，复为士列，亦不堪当世用矣！"[⑤]

可见，"空游无所依"真实地反映出作者当时的情状。

"潭中鱼可百许头，皆若空游无所依"一句也是大有渊源的。它承袭了南朝齐谢朓《将游湘水寻句溪》"寒草分花映，戏鲔乘空移"，东晋袁山松《宜都记》"大江清浊分流，其水十丈见底，视鱼游如乘空，浅处多五色石"[⑥]，北魏郦道元《水经注》"绿水平潭，清洁澄深，俯视游鱼，类若乘空矣，所谓渊无潜鳞也"[⑦]"其

① 王国维．人间词话 [M]．长春： 吉林文史出版社，1999：5.
② 刘昫．旧唐书（卷14）[M]．北京：中华书局，1975：418.
③ 柳宗元．柳河东全集 [M]．北京：中国书店，1991：320.
④ 柳宗元．柳河东全集 [M]．北京：中国书店，1991：329.
⑤ 柳宗元．柳河东全集 [M]．北京：中国书店，1991：322.
⑥ 李昉．太平御览（卷60）[M]．石家庄：河北教育出版社，1994：537.
⑦ 陈桥驿．水经注校证 [M]．北京：中华书局，2007：521.

水虚映，俯视游鱼，如乘空也，浅处多五色石"[1]，唐苏颋《兴庆池侍宴应制》"山光积翠遥疑逼，水态含青近若空"，唐王维《纳凉》"涟漪涵白沙，素鲔如游空"等前人之述。

古典文学专家霍松林先生认为："柳宗元的独创性，在于不复写水，只写鱼游，而澄澈的潭水已粼粼映眼。"[2] 但在笔者看来，《小石潭记》的前文已经从正面、侧面都描写出潭水的清澈，比如"水尤清冽"和"全石以为底"等句，所以，柳文的独创性其实更应该在于揭示人与鱼之间的关联，作者将潭中鱼"皆若空游无所依"的状态与他自己事业上的失意、家庭亲人的凋零以及自身无所依存的凄凉心境结合了起来。

尽管在作者眼里，潭中鱼有着憨态可掬的一面，如"日光下澈，影布石上。怡然不动"；也不乏活泼轻快、生趣盎然，如"俶尔远逝，往来翕忽"。然而，明媚的阳光与可爱的鱼儿并没有使作者感受到多少温暖与欣喜，我们可以从下文"凄神寒骨，悄怆幽邃"中找到依据。其实更重要的是，作者以"似与游者相乐"的一个"似"字保留了自己对"乐"的犹疑或不确定，充其量只是形成了内心的一种渴望与期待罢了。

指向语文课程核心素养的课文阅读，要善于将景与情联系起来分析。比如写潭中游鱼"若空游"，固然是为了表现水清，可游鱼"若空游"的状态是不是与作者当时的生存状态有着相似性呢？作者表现游鱼"无所依"是不是也在影射自身的无依无靠呢？

如果上述说法成立的话，那么这样的"景语"将恰当地传递出作者的"情语"，我们对景物特征的把握也就不会只停留在表面，而是与作者的情感构建了关联，形成了一种动态性的体察。这就是通过对文本语言的体察，带动了思维能力的发展，进而提高了阅读鉴赏的能力，促进了对中华优秀传统文化的理解。

通过"景语"传递"情语"，是中国古代诗文艺术的重要特征之一，反映出中国传统思想文化的精髓——"天人合一"。

"斗折蛇行，明灭可见"的小溪

从"潭西南而望"的风景中，作者也没有"望"见自己的希望，反而看到

---

[1]　陈桥驿．水经注校证 [M]．北京：中华书局，2007：865.

[2]　陈振鹏．古文鉴赏辞典 [M]．上海：上海辞书出版社，1997：1063.

渐进而至的残酷现实——注入小石潭的是一条"斗折蛇行，明灭可见"的小溪流①。

这条小溪逶迤曲折，时隐时现。原来一汪清澈透底、鱼嬉其中的小石潭，是由这样一条忽明忽暗、隐约闪现的小溪赋予了生命与活力。那么，这一生命之源可靠吗？

"斗折蛇行，明灭可见"的描写不再像前文那样将水描摹得明朗鲜亮，而是表现得遮遮掩掩、隐讳晦涩。显然，作者是以景物描写作为过渡，进一步抒发他情感上的变迁。

我们也能从后来柳宗元写下的诗句"岭树重遮千里目，江流曲似九回肠"（《登柳州城楼寄漳汀封连四州》）找到对应。而且，从"（明灭）可见"到"不可知（其源）"，显然是从一个"可"转变到一个"不可"，不仅表现了作者对小石潭的生命之源——小溪的茫然与无可捉摸，更折射出柳宗元对决定自身命运的源头产生了迷惘与忧惧，犹如他在《始得西山宴游记》一文中的自述："自余为僇人，居是州，恒惴栗。"

将小溪比作"蛇行"，将溪岸的形状比作相互交错的"犬牙"，作者选取这类喻体也是要营造出一种深邃、冷漠甚至峥嵘险恶的氛围，来映衬自己对前途充满悲凉之感的心绪吧。

"寂寥无人"的文本矛盾

"永贞革新"失败后，柳宗元被贬为邵州刺史。他在赴任的途中，又被追加贬为永州司马。可见，政敌对他的攻击简直不留余地，"谤语转侈，嚣嚣嗷嗷"②，他们不停地将柳宗元妖魔化，把他形容成一个"怪民"③；还有许多投机弄巧求取官职的人，更是落井下石，用责骂柳宗元来讨好仇视柳宗元的人，以此作为快速提升自己官位的途径与手段。作者为此感到悲愤、忧郁、痛苦，他无奈地喟叹："坐益困辱，万罪横生，不知其端……悲夫！"④

由此可知，"坐潭上"的柳宗元在深深地感慨"寂寥无人"，这其中的"寂寥"并非指小石潭周围环境的寂静无声，因为潭水之声"如鸣珮环"。所以，这里的

---

① 据陈振鹏《古文鉴赏辞典》（上海辞书出版社1997年版）第1064页文句"潭源是一条小溪"可知。
② 柳宗元．柳河东全集［M］．北京：中国书店，1991：328.
③ 柳宗元．柳河东全集［M］．北京：中国书店，1991：328.
④ 柳宗元．柳河东全集［M］．北京：中国书店，1991：328.

"寂寥"恐怕是作者心中深沉的落寞与失意吧；而"寂寥无人"的"无人"更不是没有人，与作者同游的还另有五人，《小石潭记》是《永州八记》中唯一一篇逐个罗列出同游五人姓名的游记，这里的"人"应该是指当时能帮助柳宗元等改革派摆脱困境的有权有势之人吧。柳宗元在《与李翰林建书》一文中就抱有这样的期望："唯欲为量移官，差轻罪累，即便耕田艺麻，取老农女为妻，生男育孙，以供力役，时时作文，以咏太平。"[①]换句话说，柳宗元当时只一心盼着减轻罪罚，哪怕是做一个普通的老百姓也愿意。后来，韩愈在为他撰写的墓志铭里也揭示出这一状况："（柳宗元）既退，又无相知有气力得位者推挽，故卒死于穷裔。"[②]

从中可见，在"四面竹树环合"这一形同政敌的包围圈里，他深感孤危无助，"寂寥无人"正是作者这番凄怆而无所依靠的情感所投射出来的外部环境，它看似与事实情况大相径庭，但完全可以在作者贬居时羁旅孤寂的心境上找到成立的理由。

所以，与其说是环境过于冷清，倒不如说是作者心境过于凄清。

这样看来，"其境过清"的"过"并非空穴来风或夸大其词，它承载着前文诸多意象的铺垫或伏笔：

那带有一丝寒意的"清冽"之水；

那"皆若空游无所依""似与游者相乐"的潭中之鱼；

那"斗折蛇行，明灭可见""不可知其源"的小溪以及"犬牙差互"的溪岸；

那与事实全然不符合的"寂寥无人"。

它们共同勾勒出作者柳宗元丰富细腻的情感演绎路线：初闻水声泠泠，作者"心乐之"，而看到潭水后，便泛起一丝"清冽"的寒意；之后他将"若空游"的潭鱼比照自身的遭遇，以"似与游者相乐"的"似"来渲染自己"暂得一笑，已复不乐"[③]的拘囚感；接着再从"斗折蛇行，明灭可见"过渡到"不可知其源"，此时他心中之"乐"已经荡然无存；然后作者用"寂寥无人"这一与现实相矛盾的表述，映照出自己内心无法承受的凄恻和悲怆，从而最终走到了"凄神寒骨，悄怆幽邃"的境地，深感"其境过清"。

指向语文课程核心素养的课文阅读，需要特别关注文本中所描绘的"景"，因为这些"景"不仅在渲染着环境，更含有言外之意，即承载了作者的"情"，所以，"景"有时或许成为推断或理解作者思想感情的关键。

---

①　柳宗元. 柳河东全集 [M]. 北京：中国书店，1991：329-330.

②　李梦生，史良昭. 古文观止译注 [M]. 上海：上海古籍出版社，1999：696.

③　柳宗元. 柳河东全集 [M]. 北京：中国书店，1991：329.

因而，我们应当抓住"景语"，扣紧"景语"的主要特征，调动自身的生活积累，联系作者的思想情感来观照"景语"，这样，"景语"在准确传递出"情语"的同时，也会深深印烙上作者的主观色彩，进一步丰富或拓展了"景语"自身的内涵，增强了文章的美感且耐人寻味，甚至最后能够演变为我们中国文化的一种意象。

柳宗元曾经这样形容自己被贬逐后的生活："投迹山水地，放情咏离骚。"（《游南亭夜还叙志七十韵》）可见，在他积极主动发现小石潭的美的同时，心底深处那挥之不去的愁绪也几乎无时无刻不在翻腾奔涌着。

作者"自放山泽间，其湮厄感郁，一寓诸文"[1]，因而，我们可以在《小石潭记》的字里行间窥出他因谪而感发的悱恻悲苦之情一刻也没有离开过他，而且"心与物化"[2]，触景更加伤怀，并在层层的行文脉络中不断地得到强化。

所以，我们不难看到，作者表面上是在努力地借助山水之游来浇释胸中的块垒，可最终仍未能得以解脱，他的内心还是充满了哀怨、伤感。

月色"空明"

——解读《记承天寺夜游》

元丰六年十月十二日夜，已然临近了望日（农历每月十五日），那一晚的月亮势必渐圆又亮。

皎洁的月光穿门入户，自然搅扰了苏轼的睡意，可是月色竟然能够撩得他"欣然起行"，这其中的缘由在笔者看来，月色的魅力不仅仅在于它自身的明亮洁白，更与苏轼的"闲"情逸致相通相合吧。

可见，"月色入户"是为"闲（閒）"。

"闲人"之"闲"，事实上应写作"閒"。"閒"是会意字，意思是门有间隙，从门内可以看到门外的月光。清代段玉裁《〈说文解字〉注》："开门而月入，门有缝而月光可入。"由此可知，"闲（閒）"的本义是缝隙，可以引申为事物与事物之间的空隙，或是时间上的空闲、闲暇等。

---

[1] 欧阳修. 新唐书（卷169）[M]. 北京：中华书局，2000：3983.
[2] 周濬，彭二珂. 读柳子厚山水诸记 [J]. 湖南科技学院学报，2015（2）：22.

从这一层意义上看，苏轼或许是巧妙借助了"月色入户"与"闲"字构造之间的勾连，来表明唯有"闲"情雅兴才能发现"月色入户"，或是表现只有他这样的"闲人"才能领略"月色入户"的深蕴。

可见，月色与苏轼的"闲"情存在着一致性，这个一致性就体现在文中的"空明"二字上。

课文描摹月色"空明"的状貌是这样一句话：

庭下如积水空明。

课文注释将"空明"解释为"形容水的澄澈"，这一注解颇不完整。因为据《汉语大词典》，"空明"应为"空旷澄澈"，所举例句即文句。由此可知，课文注释疑漏了"空旷"的意思。也就是说，"空明"既要形容月色如"积水"一般的澄澈，也要表现月色如"积水"一般给人以空旷阔大的感觉。

指向语文课程核心素养的课文阅读，不仅要抓住景物的特征，而且要通过分析景物的特征，与作者的思想情感联系起来。

因为一切景语皆情语。

月华如水一般流泻于地，可传递出苏轼空阔、澄净的内心。

我们不妨联系一下作者的生平遭际，便可从中窥出苏轼在"空明"这一"景语"中所蕴含的"情语"。

元丰六年，是苏轼被贬黄州的第四个年头了。这一时期正是作者从牢狱的打击、贬谪的无情、命运的捉弄逐渐走向了直面遭际的坦然、自我生命的觉醒的阶段。

"乌台诗案"等政治严寒给苏轼带来的惴慄惊愕也慢慢得以缓释，继而反弹出来的力量便淋漓尽致地倾注在他这个时期几乎所有的诗词文章里。

比如，脍炙人口的《赤壁赋》《后赤壁赋》《念奴娇·赤壁怀古》《定风波·莫听穿林打叶声》《水调歌头·黄州快哉亭赠张偓佺》等，这一时期的作品均呈现了苏轼在逆境中淡泊冲和的性情与旷达超脱的胸襟，这说明他的人生态度正在发生着一个十分重要的变化，即从委屈、悲凉、忧愤、孤苦趋向了闲适、旷达、超然、虚无。

因此，《记承天寺夜游》中的"闲人"形象便塑造了一个在被贬而悲苦基础上进行自我调适的苏东坡，而"空明"正是他思想发生转变的一个方向。

"空明"意为心性洞彻而灵明，反映出"闲人"苏轼内心的宁静与旷达。

"乌台诗案"可以说是苏轼人生的转折点。自此之后，他不再执着于"奋厉有当时志"[①]，而是"小舟从此逝，江海寄余生"；不再渴望有朝一日"会挽雕

---

① 苏辙. 栾城集（下）[M]. 上海：上海古籍出版社，2009：1411.

弓如满月，西北望，射天狼"，而是"归去，也无风雨也无晴"。苏轼已然意识到自己与朝廷"肝胆非一家"，他在《记承天寺夜游》一文中自许的"闲人"，无疑也"表现出一种达观的生活态度"[1]。

苏轼将月色比作"积水"一般"空旷澄澈"，正是由于他的所见所闻都打上了自我主观的感情色彩。王国维在《人间词话》中有云："有我之境，以我观物，故物皆著我之色彩。"说的就是这个道理。

"庭下如积水空明"，就是苏轼夜游时那种旷达、闲适的心境在现实中的一种映射。

你看，我们从作者因人生遭际而引发的思想变迁中可以看出，"空明"不仅是写月华如水，更透露出作者旷达、闲适的心境。

苏轼并没有在文中直接抒发自己内心"空明"，而是借助"景语"传递出"情语"。所以，我们要动态地体察"空明"这一关键词，理解作者在描摹景物时所寄寓的情感倾向，以及这一情感背后所蕴含的他那波澜壮阔的人生阅历与思想演绎。

除了"乌台诗案"使苏轼的思想情感发生重大的转变之外，还有苏轼在贬所黄州五年期间的参禅修道也慰藉了他因贬谪而抑郁的情绪，而且从中找到了新的生命寄托，走向了一种"空明"的人生境界。

如果说政治上的打击是促使苏轼思想转变的一种外因的话，那么，他主动参禅修道则是他思想转变的内在动因。

待罪于黄州的苏轼，为了排解苦闷沉郁，几乎每隔一两日就会去安国寺参禅悟道，"焚香默坐，深自省察，则物我相忘，身心皆空……一念清净，染污自落，表里翛然，无所附丽，私窃乐之"[2]。

后来，他弟弟苏辙在《亡兄子瞻端明墓志铭》中也这样评价他："后（苏轼）读释氏书，深悟实相，参之孔、老，博辩无碍，浩然不见其涯也。"[3]

可见，佛老的思想不仅帮助了处于困苦境遇的苏轼稀释了心中的不平与压抑，使他的心态更趋于宁静平和，而且也让他领悟到不少人生真谛。

元丰六年十月十二日夜，一轮朗月当空，苏轼邀约张怀民"夜游"承天寺。当这两个贬谪之人"相与步于中庭"之际，那遍洒佛寺庭院的皎洁月色在苏轼看来就宛如一泓积水般的"空明"，这实质是他心灵"空明"的一次视觉投射，是一种大彻大悟之后的通透与豁达在空旷澄澈月色下的映现。

---

① 人民教育出版社课程教材研究所中学语文课程教材研究开发中心．义务教育教科书教师教学用书 语文 八年级上册[M]．北京：人民教育出版社，2019：160.
② 苏轼．苏轼文集（卷十二）[M]．北京：中华书局，1986：392.
③ 苏辙．栾城集（下）[M]．上海：上海古籍出版社，2009：1422.

谙熟佛典的苏轼在这夜深人静的承天寺中，虽然与好友张怀民"同是天涯沦落人"，却未曾流露出一丝一毫的悲戚。苏轼反而忘怀得失，抛掷俗念，以"空明"之心观照"如积水空明"的月色，呈现出内心深处的恬静与超然。

值得关注的还有"积水"这一词，虽然前代文人已有将月光比作水色的表述，如唐代赵嘏《江楼感旧》诗句"独上江楼思渺然，月光如水水如天"，但苏轼的"庭下（月色）如积水空明"一句中的"积水"显然不再是简单的沿袭，而是与他深受佛教"水观修习法"的影响有关。

早在担任杭州通判时，苏轼就接触了大乘佛教经书《楞严经》，直到晚年，他仍对这部经书推崇备至。

《楞严经》第五卷详细记载了月光童子（即月光菩萨）修习水观之事。水观，是佛教修习禅定的方法之一。丁福保《佛学大词典》将"水观"解释为："一心观想水，观法成就，则在水得自然，于身之内外，现出水，亦得随意，是为水定。"吴汝钧《佛教大词典》亦云："水观，对水作专心的观想，又称水定。此观法若能成就，身体内外便如意之所想，有水现出，而臻于自在状态。"

而苏轼在文学创作中，有时也会化用佛经的语言，有时还会援引佛经里的故事，借此来丰富、提升自己作品的思想内涵与艺术境界。比如《武昌酌菩萨泉送王子立》《观台》《臂痛谒告，作三绝句示四君子》（其二）等诗文都与佛教的"水观修习法"有所关联，表现出作者寂静无澜、了无尘染的清净心态。更有甚者，苏轼在《南华寺》诗中还这样自称："我本修行人，三世积精炼。中间一念失，受此百年谴。"

由此可见，《记承天寺夜游》这篇小品文与其说是苏轼记录自己的一篇游记，倒不如视作他心灵上的一次修行。

从"月色入户"开始引发了"欣然起行"的动机，苏轼的情感脉络便始终与月色之"空明"紧紧相连、同频共振。

在与张怀民闲庭信步的"夜游"中，苏轼通过看到、感受到月色如遍地"积水"般空旷清澈这一"水观"的行为方式，去追求一种清净虚寂的精神境界以及自在、自得的生命状态。

"庭下如积水空明"一句与《楞严经》所载"（月光童子入定时）唯见清水遍在室中"[①]等"水观修习法"相差无几；"水中藻、荇交横，盖竹柏影也"则是通过感官的错觉来反证苏轼"水观"时的出神入迷和虚寂"空明"，以至于将竹柏之影误认为藻、荇纵横交错于水中，"唯其是近于错觉，反而格外显得真切

---

① 　赖永海. 楞严经（卷五）[M]. 北京：中华书局，2010：197.

而富于情致"①；同时，又通过"交横"二字透出水草摇曳的动感，烘衬"积水"清虚脱俗的静谧之态。这就使得原本难以捉摸、虚无缥缈的"空明"境界，变得形象、直观而易于理解了。

古典文学家金性尧先生认为这篇短文"本是写月夜小游，却颇有禅味"②，那么，我们不妨认为，"庭下如积水空明"一句便是"颇有禅味"的最好写照吧。

在苏轼众多描写"月"的作品中，唯有《记承天寺夜游》一文里的"月"以"空明"的姿态呈现，其原因大概也是如此吧。

黄州五年的参禅修道，为苏轼的人生之路指引了一个方向，也为我们解读文本提供了重要的参照，特别是文中"空明"这一关键词，它的内涵变得越来越丰富。因此，我们要动态地体察它，理解"空明"的本义，再结合作者的生平经历，读出它的语境义，甚至还需从"空明"这一关键词中看到作者的人格精神与人生境界，这样才能更加准确而合理地解读课文。

综上所述，《记承天寺夜游》里的"空明"不仅仅是对月色空旷、澄澈的描摹，还是苏轼"夜游"时旷达、闲适心境的反映，更是他清净、超然人生观的一种体现。

正是因为苏轼有这样一颗"空明"之心，所以他往往能在挫折中自适自解，使人间一切琐碎的是非利害无法侵入其中；也正是因为他有这颗"空明"之心，苏轼便满足于做一个普通的"闲人"，过普通的"闲"日子，在普通的事物中去发现美、体悟美和享受美，成为他充满智慧与活力的源泉。

指向语文课程核心素养的课文阅读，要善于发现景与情的绾合之处，要善于找到景物特征与人物情感的一致性是通过文中哪些语句体现出来的，并且分析作者这样描写景物的特征与他自身的生平遭际、人生价值取向有何关联。这样，"景语"才能准确而合理地传递出"情语"，我们便可以通过"景语""情语"之间的互动，看到祖国语言文字的构建之美与运用之妙，从而提升思维的品质，获得审美的体验，理解与传承我们的文化。

---

① 周先慎．中国文学十五讲 [M]．北京：北京大学出版社，2003：201.
② 上海辞书出版社文学鉴赏辞典编纂中心．古代小品文鉴赏辞典 [M]．上海：上海辞书出版社，2011：355.

第三节　解构反复出现的语言形式

《散步》的语言建构与运用

"散步"一事虽小，其内涵却很丰富；《散步》一文虽然简短，但有着绵长的情怀。

许多人读莫怀戚先生这篇美文，总是品味出浓浓的尊老爱幼之美德。可在笔者看来，需要在整体把握文本的基础上，关注与体会作者建构与运用语言材料的妙处，这样才能较为准确合理地归纳文章主题。

那么，这篇课文在语言建构与运用上有何特点呢？而这些语言的特点又是如何指向课文主题呢？

指向语文课程核心素养的课文阅读，应当以体察语言作为出发点，特别是要关注那些反复出现的语言形式，不仅要弄清它们在各自的语言环境中的含义，而且还要把这种语言形式与作者如此表达的心理动机结合起来分析，这才是一种"动态"学习语言的学习方式。

语言特点之一："我"最重要

不知你有没有发现，《散步》全文，强调"我"或"我的"地方不止一处。

比如，在课文的开头：

我们在田野上散步：我，我的母亲，我的妻子和儿子。

接下来有：

我和母亲走在前面，我的妻子和儿子走在后面。

然后，我们的意见发生分歧时：

后来发生了分歧：我的母亲要走大路，大路平顺；我的儿子要走小路，小路有意思……不过，一切都取决于我。我的母亲老了，她早已习惯听从她强壮的儿子；我的儿子还小，他还习惯听从他高大的父亲；妻子呢，在外面，她总是听我的。一霎时，我感到了责任的重大，就像民族领袖在严重关头时那样。我想找一个两全的办法，找不出；我想拆散一家人，分成两路，各得其所，终不愿意。我决定委屈儿子了，因为我伴同他的时日还长，我伴同母亲的时日已短。我说："走大路。"

最后，在课文结尾：

这样，我们就在阳光下，向着那菜花、桑树和鱼塘走去了。到了一处，我蹲下来，背起了母亲；妻子也蹲下来，背起了儿子。我的母亲虽然高大，然而很瘦，自然不算重；儿子虽然很胖，毕竟幼小，自然也很轻；但我和妻子都是慢慢地，稳稳地，走得很仔细，好像我背上的同她背上的加起来，就是整个世界。

由此可见，从文章的整体上来看，文中反复出现了第一人称代词"我"，或是以"我的"这种形容词性物主代词占据了课文的大多篇幅。

一言以蔽之，"我"很重要！

这样一来，我们不禁会思考：作者为什么要反复地以"我"作为叙述的主体来贯穿全文？对"母亲""妻子""儿子"等人物，为什么要反复地在他们的前面冠以"我的"这一形容词性物主代词呢？

《散步》是一篇文质优美的散文，而散文这种文学体裁主要是用来反映作者情感上的诉求的。如此一来，自然就要以"我"作为文章的主体，自然就要以表现"我"的情感作为文章的着力处。

厘清了散文这一文学体裁的特点，那么，"我"的情感重点就不再仅仅局限于尊老爱幼这一方面了。"我"固然尊老，为母亲着想，选择走大路；爱幼则是通过母亲体现出来的，她为了孙儿，放弃了原来自己的选择。

可见，"我"的情感重点应当是"我"在平衡尊老爱幼时所涌现出来的"责任"感，正如文中表述的那样："我感到责任重大，就像民族领袖在严重关头时那样。"

指向语文课程核心素养的课文阅读，要在阅读中培养对语言的敏感性，特别要敏锐地捕捉一些反复出现的语言形式。比如在《散步》一文中，我们可以发现文章多次使用了"我"或"我的"这些语句，然后再联系课文的文学体裁与作者的写作意图，则可以帮助我们准确合理地归纳课文主题。

而反复在"母亲""妻子""儿子"前面冠以"我的"这一形容词性物主代词的目的，显然是要强调出"我"，突出"我"在家庭中举足轻重的地位和作用。

"我"是全家的顶梁柱，是全家的主心骨，是全家最重要的决策者，也是家庭事务的主要承担者："我"既要孝顺母亲、关心妻子，又要呵护、照顾孩子。在散步的四个人当中，"我"最重要。"我"的重要性不仅仅体现在尊老爱幼上，更是代表了中年一代人的那种承前启后的担当意识与强烈的家庭责任感。

所以，作者借助散文这一类文学体裁实现自身主体诉求的同时，也有意识地对语言进行了这样的建构与运用——以第一人称叙述作为主体，突出了"我"的重要性。而突出"我"和重要性的目的，是让我们厘清"尊老爱幼"这一说法的局限，更加准确而合理地将主题指向了"我"所担负的"责任"。

语言特点之二：对称性语言

追求语言的对称美，是我国文学的一个优良传统。

徐迟先生曾经这样说道："散文是怎么来的呢？散文是从骈文中来的。我们中国有一个很好的写文章传统，就是造句常常是一对一的……有名的汉赋，以及后来的骈文，都是对句，一句对一句的。"

纵观《散步》全文，运用了对称性语言是一大特色。

我们在阅读时，其实是可以比较容易地关注到作者有意识地多次运用了对称性的语句。那么，指向语文课程核心素养的课文阅读，就不能仅仅满足于欣赏这类对称句式的整饬优美，还应当从对称性语句所表现的思想内涵方面探究它们的语义张力。

解构《散步》中反复出现的对称性语言，我们在感受这种语言形式对称美的同时，更要从对称性语言的思想内涵方面，结合作者的情感倾向，动态地体察出"我"在左右平衡着一个上有老、下有小的中年人肩背上的责任。

比如：

我们在田野上散步：我，我的母亲，我的妻子和儿子。

从以上语句中可以看出，四个人散步，分为两组："我"与我的母亲一组，"我"的妻子和儿子另一组。

这一组对称性句子从表面上体现出"我"与妻子在尊老爱幼方面分工明确，然而从"我的母亲""我的妻子和儿子"这种语言表述方式来看，家庭的主心骨其实是落在"我"身上的。

又如：

她（母亲）现在很听我的话，就像我小时候很听她的话一样。

这一组对称性句子颇有一番味道——随着"我"的长大、母亲的衰老，"我"和母亲两人的角色悄然发生了转换，"我"转变成照顾母亲的人。前后两个"听"

字在内涵上的指向是一致的，这自然引导出现在的"我"在家庭中的重任。

再如：

我和母亲走在前面，我的妻子和儿子走在后面。小家伙突然叫起来："前面也是妈妈和儿子，后面也是妈妈和儿子。"

这一组对称性句子则点明了四人两组散步的共同之处，亲情之爱上升为生命传承的意义与高度。

又如：

后来发生了分歧：我的母亲要走大路，大路平顺；我的儿子要走小路，小路有意思……我的母亲老了，她早已习惯听从她强壮的儿子；我的儿子还小，他还习惯听从他高大的父亲；妻子呢，在外面，她总是听我的……我决定委屈儿子了，因为我伴同他的时日还长，我伴同母亲的时日已短。

在第二组对称性句子中，我们可以从前后两个"听从"和"听"字看出，"我"的责任重大，不亚于民族领袖在严重关头之时那样；而第三组对称性句子说明了"我"的最终抉择也是从家庭责任等方面权衡考虑的。

最后再看文末一段：

我蹲下来，背起了母亲；妻子也蹲下来，背起了儿子。我的母亲虽然高大，然而很瘦，自然不算重；儿子虽然很胖，毕竟幼小，自然也很轻。但我和妻子都是慢慢地，稳稳地，走得很仔细，好像我背上的同她背上的加起来，就是整个世界。

这两组对称性句子节奏明快，而且与中心主题相互映衬、相得益彰，强化出深沉、庄严的语言表达效果，它们表达出衰老的生命与年幼的生命之间的传承以及中年人承前启后、继往开来的心理感受和责任。

由此可见，作者在整篇文章中反复建构与运用了一些对称性语言形式，不仅在于弘扬尊老爱幼的中华传统美德，更在于表现作为家庭中流砥柱的中年一代人所肩负的主体意识与使命感。

语言特点之三：关键词"背"

课文还多次出现了这个"背"字。"背"有时读作 bèi，用作名词；有时读作 bēi，用作动词。

"背"字的引入十分自然：

你看，作者在文章的开头这样铺垫：

她（指母亲）老了，身体不好，走远一点儿就觉得累。

后来，母亲为了成全孙儿走小路，便这样说：

我走不过去的地方，你就背着我。

当我们走小路时：

我蹲下来，背起了我的母亲；妻子也蹲下来，背起了我们的儿子。

在课文结尾处：

好像我背上的同她背上的加起来，就是整个世界。

可见，作者围绕这一"背"字，层层渲染，步步铺陈，最后情感升温，戛然而止，意味深长。

你看，"背"字是由上"北"下"月"两部分构成。

"背"的上半部分"北"，在《说文解字》中解释为两个背靠背站着的人，从字形来看，颇似散步时发生的"分歧"："我"为了母亲，选择"平顺"的大路；儿子为了"有趣"，希望走小路。"背"的下半部分是一个形旁"月"，一般跟人体的部位器官有关，如"膀""胳""脑""肩"等。

因此，这一"背"字可视为"尊老"和"爱幼"（"北"）都要放置在"我"这样一个肩膀脊背上（"月"）来承担。也就是说，我们既要背起"尊老"的重担，也要背起"爱幼"的重担，这一"背"足以想见以"我"为代表的中年人在家庭、社会中所负的责任之重。

所以，纵观《散步》全文，这一"背"字可以称得上《散步》一文的灵魂，它不仅可以背负起这篇课文对亲情、对生命诠释的重担，更能够明晰我们的责任要用肩膀、用脊背做出庄严的承载。

笔者认为，课文的最后一段其实就是整篇文章中最出彩的地方。

它写出了我们一家人那种不像在"散步"却胜似在"散步"的方式："我"背起了母亲"散步"，妻子背起了儿子"散步"。一个是儿子背起了妈妈，另一个是妈妈背起了儿子。前者我们"尊老"，后者我们"爱幼"，共同用一个象征责任的"背"承载了起来。

这一"背"字不仅背起了"尊老爱幼"的传统美德，而且还背起家庭的重任与中年一代人的使命。这一"背"字，从字的构成形式到文章的内在逻辑，可以双向地直指课文的主题。

综上所述，《散步》的语言建构与运用值得我们关注，这是因为我们在全面提高学生语文核心素养的过程中，需要指导他们有意识地积累、梳理与整合语言材料与语言经验，使他们将自己所获得的言语经验自觉地在实践中进行建构与运用。语言的建构与运用是语文课程核心素养的重要组成部分，是语文素养整体结构的基础层面。

《散步》的语言建构与运用值得我们关注的另一层原因在于我们在指导学生阅读时，应立足于文本的整体把握，透过文本最具特色的语言形式，去理解、分析作者建构与运用语言的意图与目的。如前文所述，可以综合课文中反复出现的三类语言形式（①"我"很重要；②对称性语言；③关键词"背"）来归纳课文的主题。这样一来，在通过语言材料的建构与运用进行归纳文章主旨这一方面，我们可以探索出一条颇为有效的路径。

《核舟记》里的"左"与"右"

不知你是否关注到，《核舟记》一文在介绍"核舟"时大多采用了"先右后左"的说明顺序呢？

《核舟记》是明朝文学家魏学洢创作的一篇说明文。文章细致描摹了一件微雕工艺品——"核舟"，反映了中国古代雕刻艺术的卓越成就，表达出作者对雕刻者王叔远精湛技艺的赞美。

作者在具体介绍这枚"核舟"的时候，在文中运用了一些互为相反意义的方位名词，如"左""右"，以表示人物或事物之间的位置关系。总计下来，《核舟记》全文共出现 12 个"左"字与 13 个"右"字。

按照汉语表达上的习惯，我们一般说"左右"而不说"右左"，如文中"左右各四，共八扇""楫左右舟子各一人"等语句；同样的道理，我们介绍事物也一般采用"从左到右"或"先左后右"的说明顺序。

然而，作者魏学洢在《核舟记》一文里却更多地采用了"先右后左"的说明顺序。

比如，介绍船窗上的刻字：

则右刻"山高月小，水落石出"，左刻"清风徐来，水波不兴"。

又如，引出船头坐着的三人：

中峨冠而多髯者为东坡，佛印居右，鲁直居左。

又如，表现苏东坡的姿态：

东坡右手执卷端，左手抚鲁直背。

再如，描写苏东坡和鲁直的脚：

东坡现右足，鲁直现左足。

再如，形容佛印和尚的样貌：

卧右膝，诎右臂支船，而竖其左膝，左臂挂念珠倚之——珠可历历数也。

再如，刻画船尾的两名舟子：

居右者椎髻仰面，……居左者右手执蒲葵扇，左手抚炉……

整篇《核舟记》中仅有两处"反其道而行之"，运用了"先左后右"的说明顺序，分别是"鲁直左手执卷末，右手指卷，如有所语"和"（居右者）左手倚一衡木，右手攀右趾，若啸呼状"。

由此，我们不禁会提出一系列问题：为什么作者大多运用了"先右后左"的说明顺序？又为什么会出现了两处"先左后右"的特殊情况呢？

而且，文章在某些地方运用的"先右后左"说明顺序，也颇有错位或不妥之感。

比如，介绍船窗上的刻字：

则右刻"山高月小，水落石出"，左刻"清风徐来，水波不兴"。

众所周知，"山高月小，水落石出"出自苏轼的《后赤壁赋》，而"清风徐来，水波不兴"是苏轼《前赤壁赋》里的语句。按照文章写作的先后次序，或按照"先左后右"的说明顺序，理应先交代《前赤壁赋》里的语句，即"左刻'清风徐来，水波不兴'"，而后说《后赤壁赋》时的语句，即"右刻'山高月小，水落石出'"，这样也不至于与苏轼的《前赤壁赋》《后赤壁赋》发生错位。

又比如，引出船头坐着的三人：

中峨冠而多髯者为东坡，佛印居右，鲁直居左。

按照课文内容所提供的顺序，鲁直才是最后出场的人物，然而文章却先行介绍了东坡与鲁直的情状，将佛印放到了最后才介绍。可见，文章"先右后左"的说明顺序也没有与后文的人物介绍形成一一的对应关系。

可见，《核舟记》里的这12个"左"字与13个"右"字，孰先孰后，可谓兹事体大，不容小觑。

指向语文课程核心素养的课文阅读，需要认真仔细研读文中反复出现的语言形式，比如发现《核舟记》一文中较多运用了"先右后左"的说明顺序之后，我们则不妨探究一下这样写的原因，或许可以从中体味出作者魏学洢对"核舟"精准的说明与独妙的匠心。

首先，我们亟须厘清船头三人的位置，才能真正明确"左"和"右"的关系。否则"佛印居右，鲁直居左"，究竟哪一边是"左"或"右"，仍是含混不清。

　　课文中"东坡右手执卷端"一句，像一颗定盘星一样，将船头三人的位置关系明确地揭示出来。

　　"卷端"指手卷右端，"东坡右手执卷端"一句的意思是东坡右手拿着手卷右端，那么，鲁直肯定是坐在东坡的左手边，如此才能构成"东坡右手执卷端""鲁直左手执卷末"的情形。否则，东坡的右手与鲁直的左手便交错穿插在一起，便于情于理不合了。

　　这样一来，船头三人的定位就很清楚了。中间的人是苏东坡，他的左手边是黄鲁直，右手边是佛印，正如课文所言："中峨冠而多髯者为东坡，佛印居右，鲁直居左。"

　　那么，为什么作者要先写"佛印居右"，而后写"鲁直居左"呢？

　　其实，这牵涉一个观察角度的问题。作者收到王叔远赠送的"核舟"后，是作为一个旁观者、欣赏者，以他自身的角度来进行观察、鉴赏这枚"核舟"的。

　　观察的角度基本有四种方式：①"核舟"船头方向正对着自己；②"核舟"船尾方向正对着自己；③船左侧一面（鲁直和船窗上的刻字"清风徐来，水波不兴"）正对着自己；④船右侧一面（佛印和船窗上的刻字"山高月小，水落石出"）正对着自己。

　　然而，我们从文句"舟首尾长约八分有奇，高可二黍许"中"首尾"一词，以及从全文先写"船头"再交代"舟尾"的次序上，可以基本否定第②种观察角度，即作者没有将"核舟"的船尾方向对着自己进行观察。我们还可以从文句"中轩敞者为舱，箬篷覆之。旁开小窗，左右各四，共八扇"中"旁开小窗，左右各四"一句基本排除第③④种观察角度，即作者也没有把左、右两侧船舷作为观察"核舟"的角度。

　　因而，作者观察的角度只有第①种："核舟"船头方向正对着自己。

　　所以，"佛印居右，鲁直居左"这一位置关系，如果立足于作者自身的观察角度去看，则是"佛印居左，鲁直居右"；但作者并没有站在自身的角度上去决定人物的"左"与"右"，而是把自己当作一个观察者、鉴赏者，从"核舟"船头方向正对着观察者的角度，依次地从他自身的左边至右边进行介绍说明。

　　这就是作者的说明顺序。

　　由此可知，"右刻'山高月小，水落石出'，左刻'清风徐来，水波不兴'"一句，其实也是作者从自身观察的角度，自左至右地进行介绍说明。

　　作者面对着"核舟"的船头，他的左边自然就是"核舟"右舷窗上"山高月小，水落石出"的字刻，右边也自然就是"核舟"左舷窗上"清风徐来，水波不兴"的字刻。作者的说明顺序就是从他自己的左边介绍到自己的右边而已。

　　同理，文句"居右者椎髻仰面，……居左者右手执蒲葵扇，……"的说明顺序也是如此。

　　因此，我们基本可以厘清，《核舟记》大多采用"先右后左"的说明顺序，其实是作者作为一名观察者，站在自身的立场，从"核舟"船头方向正对着自己的角度，由左至右地进行介绍说明。

　　当然，这种说明顺序除了遵循观察者的角度之外，还要结合具体文本的表达需求来分析看待。

　　比如，描写苏东坡姿态的一句：

　　东坡右手执卷端，左手抚鲁直背。

　　这句话除了遵循观察者"从左至右"的观察角度之外，还有"卷端"一词在起作用。

　　"卷端"指手卷的右端，是一幅手卷最开始的地方。既然"苏、黄共阅一手卷"，那么作为主要人物的苏轼势必要手执长卷的开端，所以要先介绍东坡的"右手"；而后说东坡"左手"，则是为了要自然而然地引出鲁直。

　　至于介绍鲁直这一人物采用了特殊的"先左后右"的说明顺序，则是为了呼应主要人物苏东坡"右手执卷端"的情况，故而要先交代"鲁直左手执卷末"，再说他"右手指卷，如有所语"，这样安排次序显得重点突出，主次分明，同时也使行文有所变化，避免呆板。

　　又如，形容佛印和尚的一句话：

　　卧右膝，诎右臂支船，而竖其左膝，左臂挂念珠倚之——珠可历历数也。

　　这句话除了遵循观察者"从左至右"的观察角度之外，当然需要更精准地强调佛印"左臂"挂的那串念珠了。所以，将描摹的重点（左膝、左臂等）放在后面，以便引出念珠的"历历可数"，从而突出赞美雕刻者精妙的手艺。

　　文章还有另一处采用了特殊的"先左后右"的说明顺序：

　　（居右者椎髻仰面，）左手倚一衡木，右手攀右趾，若啸呼状。

　　它其实表现了"舟子"这一人物行为动作方面的逻辑顺序："舟子"左手只有先倚着一根横木，有了这个凭靠，他的右手才能有所动作（"右手攀右趾"），所以要先说"左手"；还有就是为了表现他"右手攀右趾，若啸呼状"这一生动情状，而这一生动情状又有助于揭示作者对雕刻家精湛技艺的赞美，这才将描摹的重点（右手）放在后面。此外，先写"左（手）"也是与前一句"居右者"的"右"对应起来，使行文有所变化，避免呆板。

综上所述，《核舟记》一文出现了 12 个"左"字、13 个"右"字，颇有眼花缭乱之感；而且文章大多以"先右后左"作为说明的主要顺序，更令人困惑不解。

然而细细分析文本，我们却发现：这其实是作者作为一名观察者，站在自身的立场，从"核舟"船头方向正对着自己的角度，由左至右地进行介绍的一种说明顺序。更重要的是，这种说明顺序还须结合具体文本的表达需求来分析看待。

可见，指向语文课程核心素养的课文阅读，除了要敏锐地关注到文中反复出现的语言形式之外，还要进一步探究作者使用这种反复语言形式的原因，这样就可以在一定程度上窥知作者阐释事物或事理本身特征的合理程度，而合理的说明顺序则有助于我们准确理清文章思路、深入理解文章内容。

清代诗人陆次云在《古今文绘》中这样评价《核舟记》一文的生花妙笔："刻核舟者神于技，记核舟者神于文。摩拟人物于纤微，意态神情毕出，何异道子写生？君曰：'技亦灵怪矣哉！'余曰：'文亦灵怪甚矣！'"[1] 诚哉斯言！

---

① 吴承学．晚明小品研究 [M]．南京：江苏古籍出版社，1999：325-326.

第三章　以人物为突破口　构建整体把握

第一节　识人读心，探究情感内核

"极力"掩饰自己的"不称职"或"愚蠢"

——解读《皇帝的新装》

童话《皇帝的新装》可谓一场喜剧。

为了达到幽默滑稽的表达效果，作者安徒生赋予了"皇帝的新装"一种"神奇的力量"：

任何不称职的或者愚蠢得不可救药的人，都看不见这衣服。

一石激起千层浪，这便一下子使故事中的每个人（除了两个骗子和那个小孩子）都不约而同地产生了一个共同的目标："极力"掩饰自己的"不称职"或"愚蠢"。

指向语文课程核心素养的课文阅读，可以考虑从故事中的人物入手，通过梳理人物的心理、语言、行为等方面，来看穿人物活动的目的或意图，然后再从人物活动的目的或意图分析人物的弱点，进而提炼出人性的弱点，这样便可以探知作者的情感倾向，准确地解读文本。

你看，在这则童话中，几乎所有人物的心理活动、语言和行为，难道不都是在"极力"掩饰着自己的"不称职"或"愚蠢"么？

他们都拿出了各自的看家本领，"极力"掩饰的目的只有一个，就是要牢牢保住自己的官职或是极力不被别人嘲笑"愚蠢"，这是故事中几乎所有人物的共同弱点。透过这个弱点，我们更要看到人性的弱点，这样就能够推知作者写作本篇童话的意图所在了。

为了造成滑稽幽默的效果，不可避免地需要一些夸张性的写作手法，使人物产生不合常理的想法，说出令人捧腹的笑话，做出荒诞不经的举动，尽可能地放大这些人物的弱点，特别是放大那些位高权重、具有"诚实"品行的大人物的弱点，最后再以一个小孩子实事求是的点醒揭示出人性的弱点。

人物心理的"极力"掩饰

比如，诚实的老大臣看到两架织布机上空空如也的时候，便暗自下定决心：

这一点决不能让任何人知道。……不成，我决不能让人知道我看不见布料。

我们发现，句中反复出现了两次"决不能"，这就突出了老大臣"极力"掩饰的一种决绝态度。

不仅如此，这种决绝的态度还代表着后来所有人（除了两个骗子和那个小孩子）的情感与立场。

比如，第二位"诚实"的官员也是这样想的："我决不能让人看出来！"而皇帝则更是根本"不愿意说出他什么也没有看到"，因为这"可骇人听闻了"，这可是他"遇见的一件最可怕的事情"，以至于他最终在大街上当众被老百姓揭穿"新装"的真相之后，皇帝仍然执意顽固地要继续进行游行大典：

他自己心里却这样想："我必须把这游行大典举行完毕。"

其中"必须"一词便不折不扣地体现出皇帝在面对真相时，却仍要抱着一种"极力"掩饰的态度。

人物语言的"极力"掩饰

在人物的语言方面，所有人（除了两个骗子和那个小孩子）在掩饰自己"不称职"或"愚蠢"时所呈现的那股子"极力"劲儿，充满了幽默与风趣。

比如，老大臣睁大双眼盯着那两架空荡荡的织布机，嘴里却反复地赞叹着："哎呀，美极了！真是美妙极了！"

他明明什么布料都没看见，却还要"极力"地编排一番美妙的颂词："多么美的花纹！多么美的色彩！"

第二位"诚实"的官员也是什么东西没看出来，然而也是表示出"很满意"

的评价："是的，那真是太美了！"

皇帝更是对着空织布机拿腔作调地惊呼道："哎呀，（这布料）真是美极了！"并给予了顶级、高端的赞语——"我十二分地满意！"

这就是作者安徒生在童话里构建的反差，他将布料与老大臣、官员和皇帝等人的溢美之词都推衍到互为相反的两个极端：那匹根本不存在的布料，却被他们褒誉得天花乱坠、无与伦比；童话夸张的力量即在于此，它要营造出滑稽和诙谐的氛围与效果，达到作品讽喻的目的。

同时我们还要看到，这些人物的夸赞之词还在推动着故事情节朝着纵深方向发展。人物语言既要塑造栩栩如生的人物形象，还要有助于推动情节的发展。指向核心素养的课文阅读需要关注到这一点。

你看，那帮全体随员也像皇帝一样，人云亦云地一唱一和着："哎呀，真是美极了！"他们简直把这匹根本不存在的"美丽的布料"吹捧到了极点："这布是华丽的！精致的！无双的！"

显然，他们这种"极力"掩饰自己"不称职"或"愚蠢"的话实在是过了头，好像在争先恐后地证明自己能看见这布料，唯恐被旁人窥到了自己的缺陷或弱点一样。"每人都随声附和着。每个人都有说不出的快乐"。而当这种"极力"掩饰的程度达到了巅峰而无以复加的时候，他们便向皇帝建议了这样一个"馊"主意——"用这新的、美丽的布料做成衣服，穿着这衣服去参加快要举行的游行大典"。

试想一下，如果不是这帮大臣和随员们像攀比一样地"极力"掩饰自己的"不称职"或"愚蠢"，皇帝最终倒还不至于出尽洋相地"裸奔"在大街上。

可在这帮大臣和随员们看来，这哪里是什么"馊"主意呢？这简直称得上是一个绝妙无比的想法，因为它完全投合了皇帝"非常喜欢好看的新衣服"的嗜好，同时也完全满足了皇帝喜欢"炫耀一下他的新衣服"的虚荣心。

因此，我们可以说，这篇童话里的人物语言几乎都是在围绕着"极力"赞美布料或新装这一内容展开。

除了老大臣、官员、皇帝及全体随员称赞的话语，还有"一群最高贵的骑士"这样夸颂着新装："上帝，这衣服多么合身呀！裁得多么好看呀！"和"多么美的花纹！多么美的色彩！这真是一套贵重的衣服！"

最后，连街上的人们看到光着身子的皇帝在炫耀"新装"的时候也都发出了啧啧赞叹："乖乖！皇上的新装真是漂亮！他上衣下面的后裙是多么美丽！这件衣服真合他的身材！"以至于"皇帝所有的衣服从来没有获得过这样的称赞"。

所有人（除了两个骗子和那个小孩子）"极力"地赞不绝口，其实质都是在"极力"地掩饰着自己的"不称职"或"愚蠢"。作者通过故事中这些人物的语言，不仅揭示了他们滑稽可笑的一面，"还对情节发展起了推动作用"[①]。

人物动作的"极力"掩饰

在人物的动作方面，作者安徒生也是惟妙惟肖地描摹出这些人物为了掩饰自己的"不称职"或"愚蠢"所做出的"极力"行为。

比如，描写老大臣察看布料的一句话：

老大臣一边说，一边从他的眼镜里仔细地看（布料）。

句中"仔细地看"这一动作描写，就细腻地刻画出老大臣面对那块根本不存在的布料，还要装模作样认真欣赏的搞笑行为。

与老大臣一样，皇帝同样"仔细地看着织布机"，其原因就在于"他不愿意说出他什么也没有看到"，因而需要逼真地表演一下"仔细地看"。还有那些全体随员也是"仔细地看了又看"。

由此可见，"仔细地看"成了老大臣、皇帝及全体随员共同"极力"装腔作势的把戏，读来真是令人忍俊不禁。

至于"那些托后裙的内臣"则是"把手在地上东摸西摸，好像他们正在拾取衣裙似的"。其中"在地上东摸西摸"一句形容了那些内臣在地上到处摸来摸去，他们显得很滑稽，因为他们根本没有看见什么后裙，却不得不假装在地上摸来摸去，进行"无实物"表演，充分体现出那些内臣为了掩饰自己"不称职"或"愚蠢"而做的"极力"行为，产生出幽默诙谐的表达效果。

皇帝的举止更是令人捧腹——当他把他所有的衣服都脱下来，穿上那件根本不存在的"新装"时，还"在镜子面前转了转身子，扭了扭腰肢"，后来"他又在镜子面前把身子转动了一下"。

我们看到，"转了转身子"这一行为就反复进行了两次，这无疑强调出皇帝掩饰自己"不称职"或"愚蠢"的那股子"极力"劲儿。作者也在文中一针见血地挑明了其中的原因："因为他要使大家觉得他在认真地观看他的美丽的新装。"

而且，皇帝还对着镜子煞有介事地"扭了扭腰肢"，作者也是要通过这一扭捏造作的动作描写，让我们感受到皇帝这种自欺欺人的作态已然到了一种不可救

[①] 人民教育出版社课程教材研究所中学语文课程教材研究开发中心. 义务教育教科书教师教学用书 语文 七年级上册 [M]. 北京：人民教育出版社，2019：253.

药的地步。

更有甚者，皇帝在行为方面掩饰自己"不称职"或"愚蠢"达到极致的地方在于：当所有的老百姓都揭穿了"新装"真相的时候，皇帝虽然"有点儿发抖"，"似乎觉得老百姓们所讲的话是真的"，然而他却仍然还要"摆出一副更骄傲的神气"，决定"奋不顾身"地将游行大典举行完毕。

"摆出一副更骄傲的神气"中的"摆"即"炫耀"的意思，也就是说，在众目睽睽下，光着身子的皇帝还煞有介事地显摆着那一件根本不存在的新装，他这种掩饰自己"不称职"或"愚蠢"的程度可以称得上登峰造极而恬不知耻了。

"摆出一副更骄傲的神气"中的"更"愈加表明了皇帝非但不正视自己的愚蠢，反而"极力"地、千方百计地甚至是不择手段地去粉饰、遮掩自己的愚蠢。如此一来，结果使自己变得更加愚蠢，让更多的人看穿了自己的寡廉鲜耻，贻笑大方。

故而，作者在童话的结尾处不无幽默地这样嘲讽道："他（指皇帝）的内臣们跟在他后面走，手中托着一条并不存在的后裙。"这句话给读者留下一个想象皇帝愚蠢到家的空间或余地，将童话的讽刺力度推向了最大化。

所以，本文中的人物动作几乎都在围绕着"极力"伪装看得见布料或新装这一内容展开。每一个人（除了两个骗子和那个小孩子）都"极力"伪装看得见布料或新装，其实质都是在"极力"掩饰自己的"不称职"或"愚蠢"。通过这些人物的动作描写，不仅塑造了他们滑稽可笑的形象与面貌，而且也透露出作者强烈的讽刺意味。

综上所述，《皇帝的新装》里几乎所有的人都在"极力"掩饰着自己的"不称职"或"愚蠢"，这在相关人物的心理、语言和动作等方面均有淋漓尽致地体现。

由此可知，作者安徒生是要通过这则童话告诉我们一个深刻的道理：一个人如果极力掩饰自己的愚蠢，结果反而会导致自己更愚蠢；一个人如果不愿意正视自己的缺陷，最终将会暴露出自己更多更大的缺陷。

在这则童话里，人物表现的目的是基本一致的，他们都在"极力"地掩饰着自己的"不称职"或"愚蠢"。所以，我们不妨以人物这种同一性的表现作为突破口，构建课文的整体结构。通过细读文本，感受这些人物各自掩饰自己"不称职"或"愚蠢"的伎俩或"极力"掩饰的程度，从而走进人物的内心世界，在笑声中看到他们的弱点，进一步领会作者对人性弱点的无情揭示。

阿长最看重的东西是"福"

"仁厚黑暗的地母呵，愿在你怀里永安她的魂灵！"

这是鲁迅对阿长的一番深切祝福。

作者为什么希望"地母"永安阿长的魂灵呢？因为在鲁迅看来，阿长在现实生活中始终是不"安"的。

你看，阿长的日常表现是这样的：

（阿长）常喜欢切切察察，向人们低声絮说些什么事，还竖起第二个手指，在空中上下摇动，或者点着对手或自己的鼻尖。

阿长总是这样不够光明磊落，无疑暴露出她心怀忐忑。

而且，阿长还懂得许多"我所不耐烦"的规矩，也算是她心绪不宁的一种写照吧。

比如那一次"元旦的古怪仪式"，让"我"迄今为止仍然"记得最清楚"。这不仅是因为阿长那"极其郑重"的口吻，而且还有她果断的动作与"惶急"的眼神。

"哥儿，你牢牢记住！"她极其郑重地说。"明天是正月初一，清早一睁开眼睛，第一句话就得对我说……"

"你牢牢记住！"这句中的一个感叹号表露了阿长"极其郑重"的语气。不但如此，我们还发现，"她极其郑重地说"这一句后面没有使用逗号，而是句号，这表明作者将"'哥儿，你牢牢记住！'她极其郑重地说。"这句话视作了一个独立性的句子，这样便能更集中地强调阿长说这话时"极其郑重"的态度，以表现出她对新年仪式的重视程度之高。

阿长果断的动作则主要聚焦于"她却立刻伸出臂膊，一把将我按住"中的"立刻"和"一把"这些词语上，它们均指向了阿长的反应快与动作迅速，显然，她一直在防备着"我"的疏忽。正月初一"我"醒得特别早，但阿长肯定比"我"醒得更早，否则她何以能"立刻伸出臂膊，一把将我按住"呢？

"我"被阿长的这一套疾猛的动作弄得"惊异"了，她却用"惶急"的眼神看着"我"。她无法说话，又怕"我"乱说话，所以显得十分"惶急"。

"惶急"的意思是"惊慌焦急"。阿长不能不"惶急"，因为这关系到"她"一整年的运气。可"我"却愈加糊涂了，以至于"她又有所要求似的，摇着我的

54

肩"，"我"才恍然想起她昨天"极其郑重"的交代。

此外，阿长还教给了"我"很多道理——人死了，必须说"老掉了"；禁止走入死了人或生了孩子的屋子里；务必拣起落在地上的饭粒；万不可钻过晒裤子的竹竿底下；等等。

由此可见，阿长这人"满肚子是麻烦的礼节"，恰恰说明她生活在重重的"惧惮"与不安之中——这是一种精神、魂灵层面的"惧惮"与不安。

指向语文课程核心素养的课文阅读，如果能够从文本中读透人心，看穿人物的需求，特别是精神方面的需求，那么，我们便不妨考虑以人物作为突破口，构建整体把握文本的解读策略。比如《阿长与〈山海经〉》一文，我们便要从文本中梳理、提炼出阿长的精神需求，这样才能准确推断作者鲁迅对阿长的真实情感与态度。

你看，阿长不仅自己在"惧惮"，还要拉着"我"跟她一同"惧惮"。

比如，她给"我"讲吃人肉的美女蛇，"这故事很使我觉得做人之险"[1]；又比如她"常常对我讲'长毛'"，"说得长毛非常可怕"，不过很是遗憾，"我"并没有因此被吓倒，于是阿长便直白地这样说："像你似的小孩子，长毛也要掳的，掳去做小长毛。"

然而这使她更加遗憾了，阿长原本打算以长毛掳人来吓唬"我"，可"我"的回答"那么，你（指阿长）是不要紧的"却使她马上转变为自己也要争着被长毛掳去，而且完全是不顾羞臊地，用"脱裤子防大炮"的说法来证明自己是一个有用的人。

"那里的话？！"她严肃地说。"我们就没有用么？我们也要被掳去。……"

我们发现，"那里的话？！"这一句中出现了问号和叹号并用的现象，这一反问句便以强烈的情感突出了阿长的"严肃"。

同样，"她严肃地说"一句后面也没有使用逗号，仍是使用了句号，这也是将阿长说话时的"严肃"态度更为集中地给予强调，以凸显她自己的"有用"。

所以，"有用"成为阿长人生追求的价值所在。

阿长是"我"家雇来的女工，当"我"的保姆，"她大约是青年守寡的孤孀"，"做了一辈子的老妈子（乡下叫作'做妈妈'），平时也不回家去，直到了临死，或者就死在主人家里"[2]。

由此可知，阿长一生基本无所依靠，在"我"家里打工赚钱基本是她唯一的生活来源，她也基本上把"我"家当作了她自己家。所以，在"我"家，尤其是

① 鲁迅.鲁迅全集（第2卷）[M].北京：人民文学出版社，2005：288.
② 周作人.鲁迅的故家[M].石家庄：河北教育出版社，2002：97.

在"我"面前，显得"无用"是阿长在现实生活上的"惧惮"和不安。

因此，阿长努力地勤恳做事，赢得了全家人的认可。"我"的母亲和许多人都"略带些客气"地称她为"长妈妈"；"鲁老太太也并不当做用人看待"[1]；"我"投诉她晚上睡觉"占领全床"，母亲也仅仅是委婉地暗示了她一下而已。

于是，阿长就成为"我"童年成长中无法绕开的一个人。她对"我"的"关照"可谓细致入微——"不许我走动，拔一株草，翻一块石头，就说我顽皮，要告诉我的母亲去了"；不过，她也善于洞察"我"的内心需求，比如在《狗·猫·鼠》一文中就这样说："长妈妈，一个一向带领着我的女工，也许是以为我等得太苦了罢，轻轻地来告诉我一句话。"[2] 而对于"（我）太过于念念不忘"的绘图《山海经》，尽管"我向来没有和她（指阿长）说过"，但阿长自然不会坐视。因而，她帮"我"买到书虽然出乎"我"的意料，却也在情理之中。

可见，课文题目将"阿长"与"《山海经》"并列在一起，恐怕是在折射出阿长这一人物的人生价值取向吧。阿长需要拿出自己"有用"的能力，来显示自身的地位与作用，以消弭她在现实生活中的"惧惮"与不安。

探究人物的情感诉求，是指向语文课程核心素养的课文阅读的策略之一。因为这样，我们就可以围绕着人物的情感内核，理解人物在语言、行为和心理等方面的真正指向，进而把握作者对人物的情感态度。

具体到《阿长与〈山海经〉》这篇散文，则要归纳出作者鲁迅对阿长这一人物的情感所在，而作者的情感是需要依据阿长的精神需要或内心诉求而决定的，这样一来，我们从本文中看到的不仅仅是作者的怀念，更是一种祝福。

目不识丁的阿长，辨认有着绘图的《山海经》并不困难。在《二十四孝图》一文中有形容她辨图能力的文字："便是不识字的人，例如阿长，也只要一看图画便能够滔滔地讲出这一段的事迹。"[3] 虽然阿长将"山海经"误作"三哼经"，不过"我"把书的情况"都对她（指阿长）说了"，那么阿长定然不会买错。更何况《山海经》里有一些神奇怪异的绘图——"人面的兽，九头的蛇，三脚的鸟，生着翅膀的人，没有头而以两乳当作眼睛的怪物"——这些应该也是阿长所感兴趣的，因为她经常也给"我"讲一些神奇怪异比如美女蛇吃人肉之类的故事；再者，阿长可以告假回家，有路过书店购书的机会。

可见，"别人不肯做，或不能做的事"，阿长不仅愿意做，而且有能力完成。

---

① 周作人．鲁迅的故家 [M]．石家庄：河北教育出版社，2002：99.
② 鲁迅．鲁迅全集（第2卷）[M]．北京：人民文学出版社，2005：244.
③ 鲁迅．鲁迅全集（第2卷）[M]．北京：人民文学出版社，2005：260.

这足以说明阿长很"有用"。所以，她一见到"我"，就显示出这样的表现：

（阿长）高兴地说道："哥儿，有画儿的'三哼经'，我给你买来了！"

阿长那种大获全胜的成就感，我们可以从句中的"高兴"这一情绪看出来，也可以从"我给你买来了"的"给你"一词看出来，还可以从句末感叹号里所传递出来的强烈语气感受到。

事实上，"阿长与《山海经》"对于作者鲁迅有着十分重要的意义。

周作人就曾经这样讲过："他（指鲁迅）自己有书，乃是始于阿长送他的一部《山海经》。"[①] 所以，鲁迅在文章结尾处详尽描述了"书的模样"，而且反复两次提及将《山海经》视为"最为心爱的宝书"，因为这部书"引开了他（指鲁迅）买书的门"[②]。鲁迅也这样说："此后我就更其搜集绘图的书。""（这部书）使他（指鲁迅）了解神话传说，扎下创作的根"[③]，后来鲁迅创作小说集《故事新编》就是一例；而阿长辞世近30年之后，鲁迅也是"充满着怀念之情"[④]，写下了这篇以"阿长与《山海经》"为标题的文章。

不过，与其说是怀念阿长，倒不如说鲁迅是在祝福她。因为我们透过文本可以看出，阿长生前最看重的就是"福"。由于经常处在"惧惮"与不安之中，所以她非常非常渴盼"福运"。

对于现实生活层面的"惧惮"与不安，阿长能够通过努力勤恳做事获得消解；而精神、魂灵层面的"惧惮"与不安，却真是让她"麻烦"了一辈子——她所懂得的许多规矩和很多道理其实都是在祈"福"。

再比如那次"元旦的古怪仪式"。

当"我"绞尽脑汁终于想起了阿长"极其郑重"交代的新年祝福语——"阿妈，恭喜恭喜！"，却只刚说了"阿妈，恭喜……"几个字的时候，便立马被阿长打断并承接下去了："恭喜恭喜！大家恭喜！真聪明！恭喜恭喜！"这六个"恭喜"和四个感叹号将阿长对"祝福"的迫不及待与喜不自胜描画得一览无余。

反倒是睡觉时候的阿长没有那么多"麻烦的事情"了——"（我）推她呢，不动；叫她呢，也不闻"，她睡得安稳而踏实，就算被母亲委婉地暗示过，但"她不开口"，仍旧心安理得地"满床摆着一个'大'字，一条臂膊还搁在我的颈子上"，丝毫没有白天清醒时候的那种"惧惮"和"不安"了。

阿长于地下长眠近30年后，鲁迅便在文章末尾恰如其分地以"地母"（即地神）

① 周作人. 鲁迅的故家 [M]. 石家庄：河北教育出版社，2002：101.
② 周作人. 鲁迅的故家 [M]. 石家庄：河北教育出版社，2002：103.
③ 周作人. 鲁迅的故家 [M]. 石家庄：河北教育出版社，2002：103.
④ 周作人. 鲁迅的故家 [M]. 石家庄：河北教育出版社，2002：102.

来祝福她，因为"地神多福"，此话出自《汉书·礼乐志》中颜师古注引李奇的一句话"天神至尊，而地神多福也"[①]。

这就是作者对阿长的情感所寄之处。

换句话说，从来不相信鬼神的鲁迅却宁愿在这里祈望神灵的存在，这不是出于理智，而是出于情感，是依顺着阿长对这个世界的认知方式以及愿景所给予的一种深切祝福。

孔乙己精神上的"挣扎"

孔乙己被作者鲁迅称为"苦人"[②]。

纵观全文，孔乙己的"苦"不仅体现在生活方面的拮据，"愈过愈穷，弄到将要讨饭了"，更在于精神上的"挣扎"所带来的"苦"。

比如，一听到别人揭了自己的短，孔乙己是这样反应的：

孔乙己便涨红了脸，额上的青筋条条绽出，争辩道："窃书不能算偷……窃书！……读书人的事，能算偷么？"

你看，他的整张脸上又是"红"，又是"青"，且"青筋条条绽出"，可见孔乙己是费了多大的劲儿在"挣扎"啊！

再看他争辩的话语：

窃书不能算偷……窃书！……读书人的事，能算偷么？

这句话中的两处省略号显现出孔乙己的"理屈"，可是未能表现他的"词穷"。孔乙己成功地偷换了概念，将"偷书"与"窃书"区别开来，"窃书"一句后的感叹号就是这种成功的标志，它强调了"窃"绝不等同于"偷"。不过，话语末尾的一个轻声助词"么"则让孔乙己露出了怯，以至于"读书人的事，能算偷么？"这一饱含强烈语气的反问句反而凸显了孔乙己的底气不足，他还要"接连"使用那些"教人半懂不懂的"诸如"君子固穷""者乎"之类的话来进一步加固自己的气势。

精神上的"挣扎"难道不更是一种痛苦么？

当被别人讥笑捞不到"半个秀才"时，孔乙己的反应更加激烈了：

---

① 班固. 汉书（卷22）[M]. 北京：中华书局，1962：1057.
② 孙伏园. 鲁迅先生二三事 [M]. 上海：作家书屋，1945：27.

（孔乙己）立刻显出颓唐不安模样，脸上笼上了一层灰色，嘴里说些话；这回可是全是之乎者也之类，一些不懂了。

"颓唐"原指人的精神萎靡不振，如同"玉山之将崩"①，作者鲁迅用在这里真是恰如其分，因为它一针见血地揭示出"秀才"这等功名就简直等于孔乙己精神的命根。

还有他"脸上笼上了一层灰色"的"灰"，在外貌上表示"灰"头土脸，折射到心理就是"灰"心丧气了。

尽管如此，孔乙己还要"嘴里说些话"以示反驳，实质上是欲盖弥彰，反而暴露了他内心"挣扎"的状态：

这回可是全是之乎者也之类，一些不懂了。

你看，句中"全"这一副词就表现出孔乙己那种竭尽全力式的"挣扎"状态。"一些不懂了"的"一些"即"一点"的意思，表示他这一回嘴里的"之乎者也"让人一点儿也听不懂了，这是从听者角度侧面反映出孔乙己"挣扎"的极端程度。

孔乙己最后一次出场时，面对掌柜"同平常一样"的"取笑"，他违心地这样解释自己被打断的腿：

低声说道："跌断，跌，跌……"

虽然"跌断"是他的"强词"，但是"跌，跌……"这语不成句的一句就完美呈现了孔乙己无助的"挣扎"。

同时，"他的眼色"也可以印证这一点：

他的眼色，很像恳求掌柜，不要再提。

"恳求"的意思是诚恳地请求，说明孔乙己是一边强说着腿是"跌断"的，一边却不得不以充满真诚恳切的目光请求掌柜"不要再提（此事）"，"他的眼色"其实透出了一种示弱或服软。

孔乙己在语言和神态上这种充满矛盾的表达，生动再现了他有心无力的"挣扎"。

指向语文课程核心素养的课文阅读，需要关注人物的状态，特别是精神方面的状态，可以以此作为解读课文的突破口，探究人物状态形成的原因，既要分析人物自身的内因，也要看到外部环境给人物造成的影响，这样，对人物形象的解读才会更加丰富饱满。

---

① 据《汉语大词典》，"颓唐"一词出自南朝宋刘义庆《世说新语·容止》："时人目夏侯太初'朗朗如日月之入怀'，李安国'颓唐如玉山之将崩'。"

众人故意激起孔乙己精神上的"挣扎"

众所周知，鲁迅创作《孔乙己》的目的是"描写一般社会对于苦人的凉薄"①，而社会对孔乙己的"凉薄"，应主要体现在众人故意激起他精神上的"挣扎"，并津津有味地"欣赏"取乐。

请看这句话：

孔乙己一到店，所有喝酒的人便都看着他笑。

这是描写孔乙己的出场，也是描写所有喝酒的人的出场。显然，大家的"笑"没有多少好意，是一种取笑。大家笑话孔乙己脸上又添新伤疤，因为他"皱纹间时常夹些伤痕"，所以，"有人叫道：'孔乙己，你脸上又添上新伤疤了！'"

而且，大家还晓得这些新伤疤又是因为他偷了东西而被打的，因而见孔乙己不理睬，"他们又故意的高声嚷道：'你一定又偷了人家的东西了！'"

其中"故意"一词就证明了众人的存心与蓄意。

他们挑逗孔乙己反驳，继而抢白他的无理辩解，再将真相揭露出来："什么清白！我前天亲眼见你偷了何家的书，吊着打。"然后，大家就开始饶有兴趣地"欣赏"孔乙己精神上的"挣扎"——"孔乙己便涨红了脸，额上的青筋条条绽出，争辩道：'窃书不能算偷……窃书！……读书人的事，能算偷么？'接连便是难懂的话，什么'君子固穷'，什么'者乎'之类。"

于是，孔乙己的这番"挣扎"便能"引得众人都哄笑起来"，使"店内外充满了快活的空气"。

可以毫不夸张地说，这种调侃或取笑已经基本形成了一种套路。比如，后来掌柜根本无视孔乙己被打断腿的惨状，"仍然同平常一样，笑着对他说：'孔乙己，你又偷了东西了！'"借此激引孔乙己的反驳，然后揭露真相："取笑？要是不偷，怎么会打断腿？"接着"欣赏"孔乙己那番无助的"挣扎"——"孔乙己低声说道：'跌断，跌，跌……'他的眼色，很像恳求掌柜，不要再提。"跟往常一样，孔乙己的"挣扎"同样使掌柜和几个人都笑了。

更有甚者，他们事先诱使孔乙己产生一种自我优越感，比如"问道：'孔乙己，你当真认识字么？'"孔乙己不知是"坑"，果然上当，"（他）看着问他的人，显出不屑置辩的神气"；众人趁机再直戳孔乙己的"致命"之处——"你

① 孙伏园．鲁迅先生二三事 [M]．上海：作家书屋，1945：27．

怎的连半个秀才也捞不到呢？"顿时，孔乙己像泄了气的皮球一样，那张"显出不屑置辩的神气"的脸就"立刻显出颓唐不安模样，脸上笼上了一层灰色，嘴里说些话；这回可是全是之乎者也之类，一些不懂了"。他在难堪与尴尬中"挣扎"，以至于"众人也都哄笑起来：店内外充满了快活的空气"。

总而言之，众人的关注点丝毫没有放在一个人能不能偷盗的道德层面，也没有放在孔乙己挨打致伤而可不可以给予同情的层面，更没有放在识文断字是不是算作一种才学的层面，而是全都放在了故意引发、激活孔乙己精神上的"挣扎"、并且乐此不疲地欣赏这种"挣扎"的层面。这就是那个社会对孔乙己的"凉薄"，那个社会的病态就在于此。

所以，从文字表面上看，"孔乙己是这样的使人快活"，而事实上，倒不如说成"故意招惹孔乙己是这样的使人快活"。

指向语文课程核心素养的课文阅读，需要敏锐地发现故事中人物的状态，特别是人物的精神状态，并探究人物形成这种状态的根源，以此揭露当时社会现实的痼疾，这恐怕就是作者鲁迅在小说文体中塑造孔乙己这一人物的价值与意义吧。

"我"对孔乙己的"凉薄"

孔乙己自然不是傻瓜，"自己知道不能和他们谈天，便只好向孩子说话"。

然而，作为孩子的"我"，却与众人一样，非常乐意去"欣赏"孔乙己的"挣扎"，而不愿意与他多讲半句话，以至于二十多年后"我"记忆犹新的仍是"只有孔乙己到店，才可以笑几声，所以至今还记得"。

况且，"我"的笑是一种"附和"的笑。"附和"的意思是"对别人的言行随声应和（多含贬义）"，这就表明"我"对众人捉弄孔乙己所引发的哄笑抱有一种响应与追随。可见，"我"对孔乙己也存在"凉薄"的意味。

不仅如此，"我"还以"我"自有的"凉薄"，使孔乙己的内心也充满了"挣扎"。

你看，孔乙己考"我"识字，"我"的反应却是这样的：

我想，讨饭一样的人，也配考我么？便回过脸去，不再理会。孔乙己等了许久，很恳切的说道："不能写罢？……我教给你，记着！这些字应该记着。将来做掌柜的时候，写账要用。"

"我想"这一句后面的逗号所形成的语气停顿，强调了孔乙己在"我"眼里就是"讨饭一样的人"，烘托出"我"鄙视的心理[1]。这样一来，下一句"便回过脸去"的"去"字便产生了更为决绝的情绪。

可是，热心的孔乙己"等了许久"也未盼来"我"一星半点的回应。从"等了许久"一句可以想见，孔乙己的内心在"挣扎"，他在尽力支撑和维持与"我"交谈的局面，最后只能"很恳切"地为自己打圆场。他"恳切"话里的省略号恐怕就省略了他那些自言自语打圆场的话吧。

但"我"听了他"很恳切"的话后，"又好笑，又不耐烦，便懒懒地答他道：'谁要你教，不是草头底下一个来回的回字么？'""我"的话里除了带有"不耐烦""懒懒"（无精打采）的口吻之外，还有句尾那个轻声助词"么"所流露出的不屑。

"我"如此之轻慢，孔乙己却"显出极高兴的样子"——这是全文唯一表现孔乙己高兴的地方。显然，原因在于"我"回应了他，使他终于摆脱了刚才自圆其场的狼狈。

且看如释重负的孔乙己兴奋的表现：

将两个指头的长指甲敲着柜台，点头说："对呀对呀！……回字有四样写法，你知道么？"

"对呀对呀！"就尽显出他从未有过的兴奋，省略号即省略了他兴致勃勃的倾说，但在"我"看来，省略号里的那些话净是废话，所以要省略。

没想到，"我"这样一句"不耐烦""懒懒"而且语带轻蔑的回应——也是"我"对孔乙己所说的唯一的话，非但没有造成他内心上的二次"挣扎"，反而给予了他莫大的精神鼓舞。

"我愈不耐烦了，努着嘴走远"，这种姿态就彻底摆明了"我"对孔乙己的嫌弃，句中一个"了"字浓化了"我"讨厌他的程度[2]。"我"抛下孔乙己走远，把他晾在一边，故意使他受窘，孔乙己"刚用指甲蘸了酒，想在柜上写字，见我毫不热心，便又叹一口气，显出极惋惜的样子"。那一声叹气，便透出他内心无奈的"挣扎"。

因此，"我"对孔乙己的"凉薄"，不仅表现在参与了众人对他的嘲笑、"欣赏"他精神上的"挣扎"，而且还在于用冷漠和鄙弃态度对待他的主动与热情，故意造成他尴尬为难的场面，使孔乙己的内心也陷入了一番"挣扎"。

综上所述，导致孔乙己精神上的"挣扎"皆出于众人和"我"的主观故意。

---

[1] 吴周文.《孔乙己》改笔读解［J］. 鲁迅研究月刊，2002（12）：32.
[2] 吴周文.《孔乙己》改笔读解［J］. 鲁迅研究月刊，2002（12）：32.

值得悲悯的是，孔乙己曾一度想要摆脱众人强加于他的精神折磨，将对话的希望寄予孩子的时候，而"我"这个表面上"不谙世事"的酒店小伙计，非但没有满足他的愿望，反而以"我"自有的"凉薄"，也同样造成了他精神上的"挣扎"，为那个病态的社会更增添了一份"凉薄"。

第二节 人物变化是一个亮点

从"小英雄"到"木偶人"

——解读《故乡》

"我"心中的"小英雄"

母亲一提到闰土，"我"的脑海里便忽然闪现出一幅"神异的图画"：

深蓝的天空中挂着一轮金黄的圆月，下面是海边的沙地，都种着一望无际的碧绿的西瓜，其间有一个十一二岁的少年，项带银圈，手捏一柄钢叉，向一匹猹尽力的刺去，那猹却将身一扭，反从他的胯下逃走了。

少年闰土，这位"西瓜地上的银项圈的小英雄"，基本定格在"我"对"美丽的故乡"的整个记忆里：

现在我的母亲提起了他（即闰土），我这儿时的记忆，忽而全都闪电似的苏生过来，似乎看到了我的美丽的故乡了。

所以，可以毫不夸张地说，故乡之所以"美丽"，原因就在于有少年闰土这等"小英雄"。

"我"和小闰土素未谋面，就久仰了他的大名——"我早听到闰土这名字"，因为"他是能装弶捉小鸟雀的"。

这说明了小闰土极有本事，因此，"（我）日日盼望新年，新年到，闰土也就到了"。

后来，"我"是以"飞跑"的动作方式去见闰土的，显示出"我"无比激动而急迫的心情，以至于"第二日，我便要他捕鸟"。

闰土虽然否定了"我"的提议，但他的解释却生动体现出了他捕鸟的能耐：

须大雪下了才好。我们沙地上，下了雪，我扫出一块空地来，用短棒支起一个大竹匾，撒下秕谷，看鸟雀来吃时，我远远地将缚在棒上的绳子只一拉，那鸟雀就罩在竹匾下了。

你看，"扫出""支起""撒下"等一系列准备活动就为"我"展现了一幅撩人心痒的图景。

"只一拉"，这一个决定性的动作便表现闰土捕鸟的果决和立断；而"什么都有：稻鸡，角鸡，鹁鸪，蓝背……"一句中的省略号不仅说明了闰土的捕获之丰，更是令"我"心驰神往，以至于"我于是又很盼望下雪"，能捕鸟。

指向语文课程核心素养的课文阅读，要求我们能从"我"和小闰土几个回合的对话中，敏锐地看出"我"和小闰土的话语权在哪一方，判断出是谁在占据着话语的主导权。

联系我们小时候的生活实际，也是如此吧。谁掌握的信息量大，谁就能支配话语；谁的办法多，谁就可以牢牢把握谈话的主动权。

显而易见，我们从文本中感受到："'我'是弱势的，而'闰土'要强势得多。"[1] 大部分的话题都是由闰土主动打开并且引领的。

比如，他说"上城之后，见了许多没有见过的东西"，同时也主动介绍自家海边沙地上的贝壳、跳鱼儿等新鲜事。

又比如，在描写少年闰土所说的话语中，大多也都是以省略号作为话语结尾的。可见，闰土"心里有无穷无尽的希奇的事"，真是说也说不完，而"我"则不住地自愧"只看见院子里高墙上的四角的天空"。

闰土还邀请"我"夏天到他家去玩，白天在海边捡"五色"的贝壳，晚上叫"我"一起去看管西瓜。

他指点"我"捏叉抓猹的方法真是富有诗情画意啊："月亮地下，你听，啦啦地响了，猹在咬瓜了。你便捏了胡叉，轻轻地走去……"

"我"怕猹咬人，闰土便勇敢大胆地安慰"我"："有胡叉呢。走到了，看见猹了，你便刺。这畜生很伶俐，倒向你奔来，反从胯下窜了。他的皮毛是油一般的滑……"

由此可见，闰土就是"我"心中的"小英雄"。他不仅知道许多"我"闻所

---

① 毕飞宇. 什么是故乡：读鲁迅先生的《故乡》[J]. 文苑（经典美文），2019（6）：61.

未闻的新鲜事，而且是一个遇事有胆量、有办法的少年。

"现在我的母亲提起了他（闰土）"，这无疑一下子激活了"我"对故乡的美好情愫。少年闰土手捏钢叉刺猹的"小英雄"形象，在"深蓝的天空中挂着一轮金黄的圆月，下面是海边的沙地，都种着一望无际的碧绿的西瓜"这一背景的映衬下，演绎出"我"心中美丽故乡那一幅"神异的图画"。

所以，在笔者看来，故乡这幅"神异的图画"的"神异"之处不仅仅在于天空是深蓝的、圆月是金黄的、西瓜是碧绿的，更在于有少年闰土这样一位"小英雄"。

而少年闰土"小英雄"的本色不仅表现在小闰土知晓了许多新鲜事，更表现在他是一个遇事有胆量、有办法的机智灵活的人。

"只是摇头"的"木偶人"

然而，二十多年后，当"我"看到中年闰土，问及他的生活景况时，闰土却是这样回答的：

他只是摇头。

你看，闰土的反应"只是摇头"，"只是摇头"就代表了闰土的全部回答。更重要的是，"他只是摇头"这一动作在文中几乎是连续性地反复出现了两次。

指向语文课程核心素养的课文阅读，要关注到文本中一些反复性的用语。众所周知，反复的目的在于强调，而更要关注的是，反复性的用语是在哪些语言环境中出现的，它除了起强调作用以外，还有没有发挥出在语境下的作用与意义。

为什么中年闰土的这一动作反应有如此之重的分量呢？我们要阅读一下文本：

我问问他的景况。他只是摇头。

"非常难。第六个孩子也会帮忙了，却总是吃不够……又不太平……什么地方都要钱，没有定规……收成又坏。种出东西来，挑去卖，总要捐几回钱，折了本；不去卖，又只能烂掉……"

他只是摇头；脸上虽然刻着许多皱纹，却全然不动，仿佛石像一般。他大约只是觉得苦，却又形容不出，沉默了片时，便拿起烟管来默默的吸烟了。

请看，两次"他只是摇头"传递出来的不仅仅是中年闰土"觉得苦，却又形容不出"的情形，更是突出了他那种没有办法、束手无策的精神状态。

曾经是一个多么有主意、多么有办法的少年"小英雄"如今仅剩了"只是摇头"！

从中年闰土的一番话里，除了反映出当时旧中国"苛税，兵，匪，官，绅"等社会痼疾给人民造成物质生活的苦难之外，当然还流露出他因为走投无路而透显出来的灰心与委顿。比如，仅此一段话里的四个省略号就凸现了中年闰土那种吞吞吐吐、欲言又止的颓丧情状。

描写中年闰土脸上很深的皱纹又使用了一个"刻"字。

因为它要呼应"石像"一词，要表现出饱经沧桑的闰土如今已经完全失去了少年时的灵动、活泼，已经彻底泯灭了曾经旺盛的生命活力与精气神，成为一个木讷呆板、听天由命的"木偶人"。

作者鲁迅最后还形容闰土"沉默了片时,便拿起烟管来默默的吸烟"这一举动。

其中"沉默""默默地吸烟"这些词语将中年闰土那种计无所出、暮气沉沉的精神面貌刻画得栩栩如生，如今的中年闰土正是那个"苍黄的天底下，远近横着几个萧索的荒村，没有一些活气"的故乡最为真实、最为贴切的写照。

曾经是一个那么有本事、有胆量的"强势"者现在却如此颓靡气短！！！

后来，闰土在"我"老屋里拣了几件东西：两条长桌，四个椅子，一副香炉和烛台，一杆抬秤，还有所有的草灰。

这就代表了中年闰土这个人物的人生价值取向。

从"抬秤"（大型杆秤）和"草灰"（可作肥料），我们可以想见，闰土仍是要回到他那个海边沙地上去种地，再把种出来的东西"挑去卖"，然后继续承受着那里固有的"苛税，兵，匪，官，绅"的折磨，继续忍受着"非常难"的日子。

曾经是"我"心中的"小英雄"——闰土在"只是摇头"且倾诉了一番之后，仍旧是浑浑噩噩地返回到原点，把对美好生活的希望寄托给香炉、烛台后面的偶像。

可见，闰土从一个有本事、有主意、有胆量、有办法的少年"英雄"，变成了一个了无生气、毫无办法、麻木不仁、"只是摇头"的"木偶人"，这才是"我"真正感到非常悲哀的地方，正如文中所说的那样："那西瓜地上的银项圈的小英雄的影像，我本来十分清楚，现在却忽地模糊了，又使我非常的悲哀。"

人物的变化是这篇课文的一个亮点。

指向语文课程核心素养的课文阅读，要敏锐地捕捉到人物的变化，或是人物生活状态的变化，或是人物精神状态的变化，进而探究发生这类变化的原因，关注人物的命运走向，折射出当时的社会环境。

悲悯与希望

闰土从过去的"小英雄"变成了现在的"木偶人"，是可悲的。

然而，可悲的不仅仅是像中年闰土一样的劳动者"所承受的日复一日的生活苦难"①，更是这些善良的人们在承受了这种日复一日的生活苦难之后，仍然继续着这种日复一日的苦难生活；他们变得愈加麻木不仁、逆来顺受，总是将希望寄予崇拜偶像；这种因循守旧、浑浑噩噩的生活方式与精神状态，正表现了中华人民共和国成立前的劳动者苟且的灵魂，也是作者鲁迅着力揭露并要以"呐喊"来唤醒的"劣根"。

所以，在文章结尾处，"我"不愿意宏儿、水生等后辈人"如闰土的辛苦麻木而生活"，而且在"我"眼前展开的那幅"神异的图画"里，朦胧中只剩下了"一片海边碧绿的沙地"和"深蓝的天空中挂着一轮金黄的圆月"这些背景，其间的灵魂——"小英雄"闰土已然不在，这都是在表明此时的闰土已经"不是我这记忆上的闰土了"，以前那个"西瓜地上的银项圈的小英雄的影像"现在忽然地"模糊"了。

"我"对故乡不再"留恋"，最重要的原因就缘于那个曾经英姿飒爽的少年"小英雄"闰土消失了。

然而，宏儿却这样发问道："大伯！我们什么时候回来？"这一问可谓振聋发聩，使"我"有些"惘然"。

宏儿还在想着水生，想着重返故乡，他"睁着大的黑眼睛，痴痴的想"，依旧憧憬着他和水生未来的约定——"水生约我到他家玩去咧……"这与当年小闰土请"我"去他家做客如出一辙。

也许这就是作者鲁迅在《故乡》一文中埋下的"希望"吧，就像要"在《药》的瑜儿的坟上凭空添上一个花环，在《明天》里也不叙单四嫂子竟没有做到看见儿子的梦"②一样，"（希望）是不能抹杀的"③；周作人也认同这一说法："（本文除了）只剩下了悲哀。但此外也有希望，希望后辈（指宏儿、水生等人）有他们新的生活，为我们所未经生活过的。"④

---

① 人民教育出版社课程教材研究所中学语文课程教材研究开发中心.义务教育教科书 教师教学用书 语文 九年级上册 [M]. 北京：人民教育出版社，2019：165.
② 鲁迅.鲁迅 全集（第1卷）[M]. 北京：人民文学出版社，2005：441.
③ 鲁迅.鲁迅 全集（第1卷）[M]. 北京：人民文学出版社，2005：441.
④ 周作人.鲁迅小说里的人物 [M]. 石家庄：河北教育出版社，2002：65.

因此，在文章结尾处，作者仍然要勾勒出故乡的那一幅"神异的图画"：

我在朦胧中，眼前展开一片海边碧绿的沙地来，上面深蓝的天空中挂着一轮金黄的圆月。

尽管这幅"神异的图画"只给我们留下一个背景，但并没有因为其间灵魂人物的缺失而使"我"深陷于不能自拔的"悲哀"之中，相反，这幅美丽的背景图却以鲜活亮丽、明净饱满的画面虚位以待，召唤人们勇敢地成为生活的强者和英雄。

分析一部作品，可以以主要人物作为突破口，构建文本的整体把握。比如可以从作者对该人物的评语入手，因为人物形象在文本里的具体呈现或展开几乎都能从作者的评语中找到依据，我们看到，在《故乡》中，作者把少年闰土称作"小英雄"，把中年闰土称作"木偶人"。

当然，在以主要人物作为文本解读的突破口的同时，我们还可以以人物形象的沧桑变迁作为分析人物的起点，从而引出人物发生巨变的思想根源或社会根源所在。人物的变化可谓一个亮点，是以语文课程核心素养为导向的课文阅读的一个比较独特的思路，比如抓住《故乡》中闰土从"小英雄"到"木偶人"的变化以及人物变化的成因，拎起这根线，或许能够更加准确地解读文本，更加合理地把握作者的思想感情。

生辰纲遭劫该谁负责

梁中书为了给老丈人蔡太师庆贺生日，搜刮了价值十万贯的金珠宝贝，特派杨志负责押送，另遣老都管和两虞候随同，以协助监管。但在黄泥冈，这十一担生辰纲悉数被吴用等人智取。从表面上看，杨志作为押送的头领，责无旁贷，但从实质上分析，生辰纲遭劫应该由老都管承担主要责任。

众所周知，生辰纲被劫的主要原因之一在于押送队伍的内讧，而内讧的主要矛盾集中于杨志和老都管的意见不一致，这体现在歇凉黄泥冈和买酒喝两桩事情上——杨志反对歇凉黄泥冈，老都管执意要在黄泥冈歇凉；杨志反对买酒喝，老都管提议买酒喝。而正是由于老都管的这种执意和提议，杨志一行人就在黄泥冈喝下了吴用的蒙汗药酒而被麻翻，眼睁睁地看着生辰纲被劫走。

尽管歇凉黄泥冈和买酒喝这两桩事都得到了杨志的批准和同意，但它们均由比杨志身份、地位高一等的老都管所提议，而且在押送生辰纲的过程中，由于杨志性情急躁、做事方法简单粗暴而大失人心，老都管便在无形中取代了杨志成为押送队伍的真正头领与核心，杨志自然争执不过，因此，生辰纲最终遭劫应该由老都管负主要责任。

人物角色发生变化，是小说中常见的一种现象。或者说，正是因为人物有了变化，才成就了小说的精彩。人物的变化实质上潜伏于所有人物关系的不确定性中，小说存在的原因之一就是要处理这种因为人物变化无常而生发出来的新机遇或新挑战，从而不断刷新我们对这个世界的理解。这是指向语文课程核心素养的课文阅读需要关注到的地方。

杨志是押送的负责人，可他这个职务是暂时的，是不稳定的。老都管虽是协管，但他的地位却是长期的，是稳定的，是杨志无可比拟的。小说其实几乎都有一个共同的主题，那就是人的本性是不会改变的，不管你多么希望他们改变。因而，杨志不会因为自己是押运的负责人而改变急躁的性情，同样道理，老都管也不会因为自己是协管就完全听从杨志的号令。

押送生辰纲，杨志和老都管的关系是一回事；可在押送途中遇到事情需要处理时，杨志和老都管的关系则又是另外一回事了。

杨志难道不懂这个道理吗？

事实上，在动身启程的前一日，杨志听闻梁中书又增派了老都管和两虞候随同护送蔡夫人的一担礼物时，他就产生了一种不祥的预感，并断然拒绝了押送的重任：

杨志告道："恩相，杨志去不得了。"梁中书说道："礼物多已拴缚完备，如何又去不得？"杨志禀道："此十担礼物都在小人身上，和他众人都由杨志，要早行便早行，要晚行便晚行，要住便住，要歇便歇，亦依杨志提调。如今又叫老都管并虞候和小人去，他是夫人行的人，又是太师府门下奶公，倘或路上与小人鳌拗起来，杨志如何敢和他争执得？若误了大事时，杨志那其间如何分说？"[①]

由此可见，杨志考虑得很周全，他早就料到押送队伍里内隐的矛盾会给这趟运输带来非常不利的因素。可在梁中书眼里，似乎算不上多大的麻烦——梁中书道："这个也容易，我叫他三个都听你提调便了。"[②]如此一来就打消了杨志的顾虑。然而，杨志与老都管的矛盾终究还是成为生辰纲遭劫最重要的原因之一。

杨志与老都管究竟有什么矛盾呢？梁中书不是已经明确委任杨志作为押送负

① 施耐庵，罗贯中 . 水浒传 [M]. 北京：人民文学出版社，1975：199.
② 施耐庵，罗贯中 . 水浒传 [M]. 北京：人民文学出版社，1975：199.

责人了吗？而且梁中书当众告诫老都管和那两个虞候：

杨志提辖情愿委了一纸领状，监押生辰纲十一担金珠宝贝赴京，太师府交割，这干系都在他身上。你三人和他做伴去，一路上早起晚行住歇，都要听他言语，不可和他鳌拗。夫人处分付的勾当，你三人自理会。小心在意，早去早回，休教有失。[1]

然而，老都管和两个虞候作为协助杨志管理队伍的人，在"人家渐少，行客又稀，一站站都是山路"的"尴尬去处"居然屡屡落在队伍后面，这对于担负着千钧干系的杨志来说，他们三人实在没有起到很好的配合作用。

因为，有着丰富江湖经验的杨志知晓这等山间僻道"都是强人出没的去处"[2]，所以，杨志想趁着光天化日、日中正午时分，选择最不利于强人劫道的时间，抓紧赶路。

可是，"打扮做个客人模样"的老都管身无重负，两个虞候也"只背些包裹行李"，他们竟然"气喘了行不上"。

杨志便对两虞候流露出他的急躁与怪罪了：

你两个好不晓事！这干系须是俺的！你们不替洒家打这夫子，却在背后也慢慢地挨。这路上不是耍处。

而老都管呢，更是磨叽在队伍的最末尾拖后腿。所以，杨志对两虞候的埋怨，其实同样也指向了老都管，以至于两虞候向老都管"搬口"杨志"强杀只是我相公门下一个提辖，直这般做大"时，老都管随即也这样表了态："（我）这两日也看他不得。权且奈他。"两虞候乘机树立起老都管的威信，怂恿老都管自行做主："相公也只是人情话儿，都管自做个主便了。"他们把梁中书临行前的委任和告诫视作了"人情话儿"。老都管听了两虞候的话非但不驳斥，反而说："且奈他一奈。"这显然默许了两虞候的说法，不把杨志放在眼里，而且等待时机要教训一下杨志。

同样道理，也正是由于老都管和两虞候落在了队伍末尾，那些被杨志"轻则痛骂，重则藤条便打，逼赶要行"的众军汉才有了诉苦卖惨的机会和理由：

那十一个厢禁军雨汗通流，都叹气吹嘘，对老都管说道："我们不幸做了军健，情知道被差出来。这般火似热的天气，又挑着重担。这两日又不拣早凉行，动不动老大藤条打来。都是一般父母皮肉，我们直恁地苦！"

这番话立刻博得了老都管的同情，他说："你们不要怨怅，巴到东京时，我

① 施耐庵，罗贯中. 水浒传 [M]. 北京：人民文学出版社，1975：199-200.
② 施耐庵，罗贯中. 水浒传 [M]. 北京：人民文学出版社，1975：198.

自赏你。"其中"我自赏你"是老都管在为自己立威，同时也在削弱杨志的声望。众军汉便趁势支持老都管担任头领："若是似都管看待我们时，并不敢怨怅。"

自此，老都管在无形中渐渐成为这一行人的领袖与核心，杨志则逐步沦为这支押送队伍名义上的头目。

歇凉黄泥冈便是老都管在与杨志的第一个回合较量中所取得的胜利。

在杨志看来，黄泥冈是万万不敢停脚的——"苦也！这里是甚么去处，你们却在这里歇凉！起来，快走！"

毫不夸张地说，江湖阅历丰富的杨志判断得十分精准，前文交代，公孙胜等人早已"打听知他来的路数了"[①]，而且就决定在黄泥冈劫取生辰纲。

老都管却非要在黄泥冈歇凉，一来自己确实需要休息，二来想借此挫挫杨志的锐气。因此，当看到杨志抽打众军汉催促起行时，老都管首度公开发了话：

提辖，端的热了走不得，休见他罪过。

从上下文来看，这一句话便开启了动摇押送队伍军心的序幕。两个虞候立即心领神会地凑上来帮腔："我见你（指杨志）说好几遍了，只管把这话来惊吓人。"

老都管又提议让大家在黄泥冈歇凉，被杨志毫不客气地严词回绝后，于是他这样说道：

我自坐一坐了走，你自去赶他众人先走。

第一个"自"表明我老都管不会听从你杨志的指挥，我一定要在黄泥冈稍歇；第二个"自"表明我老都管不再帮助你杨志去逼赶众人，要逼赶你杨志一人去逼赶。

可见，老都管的这番话完全孤立了杨志，纵容了其他所有人，为下文众军汉的哄闹吵嚷壮了胆撑了腰。金圣叹为此批注曰："其言既不为杨志出力，亦不替众人分辩，而意旨已隐隐一句纵容，一句激变。"[②]

果然，当杨志逼赶众人时，怨声四起，"众军汉一齐叫将起来"，他们而且抬出了留守相公梁中书以压服杨志。杨志四面楚歌，孤立无援，只好用藤条打骂。就在这时，老都管便直接对杨志的领导权进行挑战，他采用了一种不同以往的口吻——"喝道"，而且采用了一种不同以往的称呼——"杨提辖"，金圣叹为此又批注道："增出一杨字，其辞甚厉"[③]。随即，老都管又亮明自己的身份——"东京太师府奶公""相公家都管"，同时揭了杨志卑微的老底——"量你是个遭死的军人，相公可怜，抬举你做个提辖，比得草芥子大小的官职，直得恁地逞能。"

---

① 施耐庵，罗贯中．水浒传［M］．北京：人民文学出版社，1975：197.
② 施耐庵，金圣叹．金圣叹批评第五才子书水浒传［M］．天津：天津古籍出版社，2006：130.
③ 施耐庵，金圣叹．金圣叹批评第五才子书水浒传［M］．天津：天津古籍出版社，2006：130.

最后老都管还自夸年长为尊，逼杨志让步。

杨志据理力争，他凭借丰富的阅历判断江湖路途险恶，坚持应小心为上，老都管却自以为是，嫌杨志"做大""卖弄"；杨志进一步解释"如今须不比太平时节"，老都管当即抓住"太平时节"这一句大作文章，给了杨志一记致命的回击："你说这话该剜口割舌，今日天下怎地不太平？"使杨志陷入对当今朝廷不满的境地。

在这场对话的交锋中，老都管语含讥诮、步步紧逼，"口舌可骇，真正从太师府来"[1]，杨志被老都管的这一顿抢白弄得威信扫地。

而使杨志基本丧失公信力的便是吴用等七人乔装成贩枣的客商骗过杨志的盘察后，老都管揶揄杨志的那一句话：

似你方才说时，他们都是没命的。

至此，杨志才无可奈何地让了步，于是"众军汉都笑了"，他们"笑"的是杨志终于被老都管降服了；杨志灰头土脸、狼狈悻然，"也把朴刀插在地上，自去一边树下坐了歇凉"。可见，杨志"自去一边"是众军汉"笑"的结果，表明杨志在歇凉黄泥冈这一回合较量受挫后的失落情绪。

买酒喝是老都管与杨志第二个回合较量所取得的胜利。

杨志坚决反对众军汉买白胜的酒，他连打带骂，似乎又恢复了头领的气场和作派——"杨志调过朴刀杆便打，骂道：'你们不得酒家言语，胡乱便要买酒吃，好大胆！'"

然而，这一次就不再是一个军汉顶杨志的嘴了，而是"众军道：'没事又来捣乱。我们自凑钱买酒吃，干你甚事，也来打人。'"说明杨志的威信在众军汉心中几近荡然无存。

众军汉看到吴用等人喝了酒，"心内痒起来，都待要吃"，便拜求他们心中的头领老都管，让他再次说服杨志让步。

他们对老都管的称呼也发生了改变，从一开始称"都管"到现在一口一个"老爷爷""老爷"的叫；"老爷爷"体现了敬老，"老爷"则是对老都管身份的尊崇。

老都管也不客气，加上他"自心里也要吃得些"，"竟来对杨志说"，这一"竟"字的意思是"直接、一直"，表示直接进行某事，不在事前费什么周折。可见，这一"竟"字活画出老都管在经历第一个回合的较量后，以胜利者的姿态来对待杨志的情状。也就是说，这时的老都管已经不把杨志放在眼里了，通过这一"竟"字可窥出老都管对杨志的傲然之态。

---

[1] 施耐庵，金圣叹 . 金圣叹批评第五才子书水浒传 [M]. 天津：天津古籍出版社，2006：130.

就连杨志在某种程度上也相对承认了老都管的核心领导地位，他借老都管的说情批准了买酒——"既然老都管说了，教这厮们买吃了便起身。"

作者甚至在叙述的层次方面，也对人物介绍的主次顺序进行了相应的调整。你看，当初这一行十五人启程时，杨志、老都管、两个虞候的排列顺序是这样的：

杨志戴上凉笠儿，穿着青纱衫子，系了缠带行履麻鞋，跨口腰刀，提条朴刀。老都管也打扮做个客人模样。两个虞候假装做跟的伴当。

我们看到，杨志、老都管、两个虞候虽然是同时准备的，但在叙述层次上，是按照人物的主次地位排列的，杨志自然是第一位。

然而到了黄泥岗，众军汉买酒之后，"（他们）先兜两瓢，叫老都管吃一瓢，杨提辖吃一瓢。"显然，老都管经过与杨志两个回合的较量获胜后，他的地位超过了杨志，这表明老都管已然成为众人心中真正的头领。

由此，正应了杨志临行前所担心的那样，老都管"是夫人行的人，又是太师府门下奶公"[1]，一介武夫的杨志"如何敢和他争执得？"[2]

歇凉黄泥岗，是老都管极力主张的；买酒喝，更是老都管极力提议的。而老都管的这些主张与提议却统统落入了吴用的圈套，他应当承担生辰纲遭劫的主要责任。

再者，从生辰纲遭劫后众人的话语中，我们也可以看出主要责任不在杨志身上。

比如：

杨志指着（这十四人）骂道："都是你这厮们不听我言语，因此做将出来，连累了洒家！"[3]

"连累"的意思是因事牵连别人，使别人也受到损害。杨志使用"连累"一词，便是说明老都管等人惹了祸，牵连了自己，使自己"有家难奔，有国难投"[4]。

又如：

老都管道："你们众人不听杨提辖的好言语，今日送了我也！"[5]

"送"即"断送"，"今日送了我也"意思是今天你们（指众军汉）断送了我的前途。老都管的话表明他已意识到自己需要为生辰纲的遭劫负主要责任。

再如：

[1]　施耐庵，罗贯中．水浒传 [M]．北京：人民文学出版社，1975：199.
[2]　施耐庵，罗贯中．水浒传 [M]．北京：人民文学出版社，1975：199.
[3]　施耐庵，罗贯中．水浒传 [M]．北京：人民文学出版社，1975：209.
[4]　施耐庵，罗贯中．水浒传 [M]．北京：人民文学出版社，1975：208.
[5]　施耐庵，罗贯中．水浒传 [M]．北京：人民文学出版社，1975：209.

众军汉说道："是我们不是了。……若还杨提辖在这里，我们都说不过；如今他自去得不知去向，我们回去见梁中书相公，何不都推在他身上？"[1]

从众军汉的这番话可见，杨志也不应承担主要责任。

反过来设想一下，如果没有老都管这等人员随同的话，杨志对押送成功是信心十足的——"若依小人一件事，便敢送去。"[2] 杨志的预设是："并不要车子，把礼物都装做十余条担子，只做客人的打扮行货，也点十个壮健的厢禁军，却装做脚夫挑着。只消一个人和小人去，却打扮做客人，悄悄连夜送上东京交付。恁地时方好。"[3] 所以相应地，吴用等人也作好了两手准备，"只看他来的光景，力则力取，智则智取。"[4] 换句话说，如果没有老都管这等人员随同，吴用等人便要"力取"生辰纲了。

由此纵观生辰纲遭劫的整个过程，原本作为头领的杨志由于自身性情和做事方法的原因而逐步丧失了领导话语权，老都管则在与杨志的两次较量中基本确立了实质性的头领地位，然而正是因为老都管这两次较量的"胜利成果"才导致生辰纲不偏不倚地落入吴用等人设下的圈套。所以，生辰纲最终遭劫该由老都管负责。

指向语文课程核心素养的课文阅读，可以考虑以人物作为突破口，构建对文本的整体把握。在小说这一文体中，人物发生变化是一个亮点，它不仅让我们看到故事情节一波三折的走向，更让我们透彻地领悟到作者思想情感的阐发。

比如杨志本来的身份是押送生辰纲的头领，而生辰纲是一笔不义之财，杨志为了实现他自己的军官梦，显然在助纣为虐。后来，在押送途中，杨志不断地受到老都管等一帮官僚的欺压和排挤，众军汉的表现也在相当程度上反映出当时官府、军队腐败的现状，杨志便在与老都管的两个回合的较量中逐渐失去了实控权，沦为名义上的领导者，这是人物身份发生了隐性的、内在的、实质上的变化，而人物的价值观也随之发生了变化，杨志原本是想成为朝廷的一员，但是朝廷的腐败、官僚军汉们的倾轧，使他的军官梦逐渐破灭，逼迫杨志最终走上了造反的道路。《水浒传》就是这样通过人物身份发生变化导致人物的人生价值取向也发生变化这一方法，很好地诠释出"官逼民反"的主题。

指向语文课程核心素养的课文阅读，需要注意前后文内容之间的关联，比如课文《智取生辰纲》也要立足于整本《水浒传》的内容，联系前后相关的章节或

---

① 　施耐庵，罗贯中．水浒传 [M]．北京：人民文学出版社，1975：210．
② 　施耐庵，罗贯中．水浒传 [M]．北京：人民文学出版社，1975：199．
③ 　施耐庵，罗贯中．水浒传 [M]．北京：人民文学出版社，1975：199．
④ 　施耐庵，罗贯中．水浒传 [M]．北京：人民文学出版社，1975：197．

内容来观照课文，这样才能准确而合理地解读文本；从名著导读这一教学角度，更是能够实现以课文带动对名著的阅读与鉴赏的教学目的。

"屠暴起"是偶然的冲动吗？

——解读《狼》

蒲松龄的《狼》一文讲述了屠户与两只狼斗智斗勇的故事。

你看，屠户与狼之间的较量是一个多么曲折而精彩的过程啊！

屠户一开始遭遇狼，因为"惧"而采取了战略妥协（两次投骨喂狼），可是，贪婪的狼却仍旧"并驱如故"且紧追不舍。

因此，屠户"大窘"，又采取了战略防御（"屠乃奔倚其下，弛担持刀"）。

后来，屠户与狼的争斗进入了相持阶段，"狼不敢前，眈眈相向"，双方僵持着，对峙的时间比较长久（"久之"）。

那么，最终由谁打破这一僵局呢？

最终打破这一僵局的竟然是屠户——"屠暴起，以刀劈狼首，又数刀毙之"。

不知你有没有发现，屠户这一人物的行为发生了巨大的变化，他由原来的被动防御突然转向了主动进攻。

这就是课文的精彩之处。

"屠暴起"的"暴"意为"突然"，有出人意料的意思。那么，屠户为什么会出人意料地主动发起实质性的反攻呢？这是他偶然的冲动吗？屠户反攻的依据又在哪里呢？

退一步想，屠户如果没有这一突如其来的反攻，而是继续与"前狼"面对面地相持下去，那么后果将不堪设想，他必然遭到两只狼的前后夹击而陷于绝境。

指向语文课程核心素养的课文阅读，要善于发现人物的变化，可以通过人物的行为、语言、肖像等外显的方面看出来，进而体察人物的心理，甚至要探究人物思想上的内在变迁，然后从人物的这些变化中找到成因，以此推断作者的感情倾向。

比如，"屠暴起"这一举动是屠户行为上一个巨大的变化，它一反屠户一直以来的防御保守的态度，给了读者一个出人意料的"惊喜"。那么，我们进行课文阅读，就是要关注到人物的变化，并从文本中找到屠户发生这一变化的理由，也就是找到"屠暴起"这一行动的依据。从分析人物外在的行为表现到深入人物内在的思想感情，要从"屠暴起"这一看似偶然的冲动中，理出一些"情理之中"的必然因素。

屠户的觉醒

首先，屠户在与狼较量的过程中，他的斗争意识逐渐发生了一个根本性的转变，为"屠暴起"奠定了十分坚实的思想基础。

在狼的眼里，屠户原本是一个懦弱害怕、胆小退让的人，这可以从"屠惧，投以骨""复投之""屠大窘"等文句体现出来。

后来，虽然屠户"顾野有麦场"，迅速占据了有利地形，"奔倚其下，弛担持刀"，但屠户也仍然没有摆脱被动遭袭的境地，他的主导思想仍然还是防御性的思想。

然而，狼却忽略了这样一点：恰恰是它们咄咄逼人的贪婪逐渐使屠户认清了形势，使他慢慢改变了原来的怯懦与妥协，并一步步地激发起他的勇气和信心。

你看，狼是多么的贪得无厌啊！我们可以从"缀行甚远""一狼得骨止，一狼仍从""后狼止而前狼又至""骨已尽矣，而两狼之并驱如故"等文句看出来。它们吃完了骨头，还想要继续吃屠户，这就迫使屠户背水一战，最终下定了与狼对抗到底的决心。

屠户退无可退，"乃奔倚其下，弛担持刀"，便开始呈现出与狼坚决抗争的信念。此时此刻的他不再是刚开始那个又"惧"又"大窘"的屠户了，而是逐渐成为一个坚强而勇敢的人。

你看，课文后来就这样描述屠户："方欲行，转视积薪后，一狼洞其中，意将隧入以攻其后也。身已半入，止露尻尾。屠自后断其股，亦毙之。"此时的屠户可以说一扫之前的恐惧与妥协，除恶务尽，全部把狼消灭了。

所以，正是由于狼的贪婪无度使得屠户的斗争意识发生了一个根本性的转变，屠户从原来的消极被动逐步转变为积极主动。"屠暴起，以刀劈狼首，又数刀毙之"就是他积极主动斗争、勇于斗争的最好写照。

屠户通过"顾野有麦场""奔倚其下"等一系列积极的行动，解决了自身的后顾之忧，消弭了自己的担心——"恐前后受其敌"，有力地保障了"屠暴起"

这一主动出击的成功。

从"屠大窘，恐前后受其敌"一句可知，屠户担心的仅仅是两只狼的前后夹攻，也就是说，屠户是不会惧惮与一狼"单挑"的；而且，屠户完成了"顾野有麦场""奔倚其下"等一系列积极的行动，解决了自身的后顾之忧，消弭了自己的担心——"恐前后受其敌"。

于是，没有了后顾之忧的屠户"弛担持刀"便能够与两狼形成对峙，使"（两）狼不敢前"，更何况在"屠暴起"主动进攻时，他面前才仅有一只狼。

因此，屠户当机立断，趁着"一狼径去"，仅剩另一狼的情况下，果敢出击，"以刀劈狼首，又数刀毙之"，正是屠户这种勇于斗争的精神与敢打必胜的信心化解了危险，挽救了自己，如若不然，无异于坐以待毙。

狼的自作聪明

当狼与屠户处于对峙状态时，"一狼径去"，这便使狼的力量发生了重大变化，为"屠暴起"提供了非常成熟的条件。

文中的两只狼不仅贪婪，而且狡猾，集中体现在"一狼径去，其一犬坐于前""目似瞑，意暇甚""一狼洞其中"等文句中，作者蒲松龄更是在文末这样评价道："狼亦黠矣。"可最终两只狡猾的狼都被屠户杀死了，这又是什么道理呢？

原因恰恰在于它们的"狡猾"，从而自作聪明，低估了屠户，真是聪明反被聪明误啊！

狼的"聪明"之处在于它们窥出了屠户的弱点——"屠大窘，恐前后受其敌"，这在"（屠户）顾野有麦场，场主积薪其中，苫蔽成丘。屠乃奔倚其下，弛担持刀"等文句可以体现出来，尤其是屠户的"奔倚其下"，显露出屠户对于消除自己后顾之忧的一种急切心理。

于是，狼悄悄地兵分两路，针锋相对地实施前后夹攻之策。"前狼"的作用在于"诱敌"，从柴草堆钻洞的狼则负责"包抄"。可以说，本文中屠户与狼相斗的经过大多围绕着屠户是如何避免前后受敌，而狼又是如何努力创造夹击屠户的机会或条件展开的。

虽然狼知悉了屠户的弱点，分成前后两路准备夹攻，但这样一来，狼的力量却因为分散而弱化了，使得维持双方对峙局面的力量对比发生了一个显著的改变：由原来两狼对一人，变成了一狼对一人。屠户则在解除后顾之忧之后，"弛担持刀"，便产生了"（两）狼不敢前，眈眈相向"、双方对峙的局面，然而此时此刻，"一狼径去"了，尽管狼的战略意图是正确的——以屠户的弱点作为突破口，自他身后包抄，进行前后夹攻，但是留下的那只"前狼"是否还能够稳住"一人一狼"的相持局面，为"径去"的狼赢得包抄的时间吗？这其实是一步险棋，也是狼自作聪明的地方。

从故事的结局得知，自作聪明的狼失算了，原因在于它们对屠户的判断仍旧停留在他是一个胆小、被动的人这一层面上，而低估了屠户正在逐步形成坚决对抗的勇气和决心。

狼根本没有料到屠户敢于主动挑起战斗，于是贸然削弱了自己的力量，露出了破绽，为屠户"暴起，以刀劈狼首，又数刀毙之"这一果决利落的出击提供了非常成熟的条件。这是狼的失策。

"前狼"在屠户面前"假寐"，给"屠暴起"提供了有利的时机。

两只狼窥出了屠户的弱点，便留下其中一只来牵制屠户，而这只"诱敌"之狼是不可能向屠户"示强"而早早与之发生战斗的，否则"一狼径去"的意义就不存在了，对屠户前后夹击的战略构想将会化作泡影。

因此，"诱敌"之狼必定采取"示弱"的方法来对待屠户——"犬坐于前""目似瞑，意暇甚"，其目的与作用在于缓和气氛，麻痹牵制对手，使之放松警惕，尽可能维持住"一人一狼"的对峙状态，为"包抄"之狼从后面打洞而实现前后夹击的策略赢得时间。这种相持的局面拖得越久，对狼越有利。可见，"前狼"对屠户的"诱"，也表现出狼的"聪明"。

然而，"目似瞑，意暇甚"这种自作聪明的手段，并没有起到诱骗屠户的作用；屠户在"暴起"之前也丝毫没弄清楚"前狼""假寐"的原因与目的，直到后来他杀掉了"包抄"之狼才意识到"乃悟前狼假寐，盖以诱敌"。换句话说，屠户在进入相持阶段后，一点儿也没有放松警惕，更没有安于"相持"的现状，而是时时刻刻在寻找着战机。当他看到一狼"犬坐于前，久之，目似瞑，意暇甚"的时候，便趁着"前狼"略微松懈的空当，瞅准时机主动进攻，用刀劈死了这只正在进行精湛"诱敌"表演的狼。

可笑的是，这只"前狼"的"假寐"，非但没有诱骗到屠户，反而弄巧成拙，不仅白白空唱了独角戏，而且还给了屠户一个主动进攻的绝佳良机。作者蒲松龄便在文末不无讥讽地说道："禽兽之变诈几何哉？止增笑耳。"

"前狼"之"诱"可以称得上"聪明"，但聪明反被聪明误，真是可笑啊！

综上所述，"屠暴起"不是一次偶然的冲动，而是含有诸多必然的因素，这就是文章的精彩之处：①屠户因为狼的步步紧逼、贪得无厌而逐渐变得坚强、勇敢，为"屠暴起"在思想意识方面做好了充分的准备；②屠户又解决了后顾之忧，弥补了自身的弱点，有力保障了"屠暴起"这一主动出击的成功；③"一狼径去"看似"聪明"之举，却削弱了自身的力量，露出了自己的破绽，为"屠暴起"提供了非常成熟的条件；④"前狼"在屠户面前"假寐"，则成为"屠暴起，以刀劈狼首，又数刀毙之"的有利时机。

而"屠暴起"最根本、最重要的必然性在于屠户本人与狼斗争的思想意识的转变，即他从原来的畏惧退缩逐渐变得坚强勇敢，这是屠户取得最终胜利的根本原因，所以，本文给予我们的启示就是：对待像狼这种贪婪且狡猾的恶人，不能抱有幻想，更不能怯弱避退，只有坚定信心、勇于斗争，才有出路。

指向语文课程核心素养的课文阅读，需要关注主要人物的变化，无论是外在的变化，还是内在的变化。因为人物发生变化一定是存在原因的，首先应抓住人物自身内在的原因，这是决定主要人物命运走向的本质力量。只有把握住主要人物变化的真正原因，才能理解作品的内容意旨。

第四章 比较课文与原作 合理思辨求真

第一节 整体观照，拓宽阅读视域

《济南的冬天》饱含家园情怀

课文《济南的冬天》是老舍《一些印象（五）》的节选文，它删减掉了原作开头一句和结尾的两段。

开头一句：

上次说了济南的秋天，这回该说冬天。[①]

结尾的两段：

树虽然没有叶儿，鸟儿可并不偷懒，看在日光下张着翅叫的百灵们。山东人是百灵鸟的崇拜者，济南是百灵的国。家家处处听得到它们的歌唱；自然，小黄鸟儿也不少，而且在百灵国内也很努力的唱。还有山喜鹊呢，成群的在树上啼，扯着浅蓝的尾巴飞。树上虽没有叶，有这些羽翎装饰着，也倒有点像西洋美女。坐在河岸上，看着它们在空中飞，听着溪水活活的流，要睡了，这是有催眠力的；不信你就试试；睡吧，决冻不着你。

要知后事如何，我自己也不知道。[②]

我们还原课文的原作，目的是要尽可能地立足于文章整体角度来准确把握课文《济南的冬天》的内容大意，从而合理推断作者老舍的思想情感。

所以，站在文章的整体视角来观照节选文，可以说是对真实语言运用情境的一种还原，因为作者的布局谋篇、遣词造句几乎都要关涉文章的立意，几乎都要

① 老舍. 老舍全集（卷14）[M]. 北京：人民文学出版社，2013：3.
② 老舍. 老舍全集（卷14）[M]. 北京：人民文学出版社，2013：4.

牵动作者思想情感的阐发。一字、一词、一句、一段，甚至整篇文本，都可能发挥着它们各自的功用，显示出它们存在的价值，而语文课程的核心素养就有赖于在这种真实的语言运用情境下，通过积极的语言实践活动进行积累与构建，形成个体的语言经验。

还原原作，我们自然会感受到作者在原作中投入的整体性情感倾向，而节选文可能会割裂这些情感，以至于断章取义。我们一贯强调阅读时要整体把握文本，也就是要建立前后文本联系的意识，而还原原作，正好契合了从文本的整体视角来解读这一阅读理念，它必将会对节选文的内涵进行一次重新的审视。

有一种"很暖和安适地睡着"的感觉

所以，从原作的整体来看，济南的冬天在作者笔下呈现出一种浓郁的氛围，那是一种能够使人"很暖和安适地睡着"的浓郁氛围。

因为老舍曾经在《春风》一文中这样评价济南的秋天："我觉到一种舒适安全，只想在山坡上似睡非睡的躺着，躺到永远。"[①]

老舍又在《一些印象（四）》一文中表露出济南的秋、冬之间的密切关系："秋和冬是不好分开的，秋睡熟了一点便是冬。"[②]

由此可知，济南的秋天给予了作者一种"舒适安全"之感，使他只想"似睡非睡的躺着，躺到永远"，既然这样，那么济南的冬天让作者产生"很暖和安适地睡着"的感觉便是自然而然、顺理成章的了。

如果你不信，我们再来看课文文本的主干。

课文一开篇，就铺设出济南的冬天"温晴"的特点，这是全文的出发点；但我们更需要关注是"温晴"这一特点给济南造成了什么样的效果，或是给作者带来了怎样的感觉。

作者很爽快，直截了当地揭示出济南之冬在他心目中"理想的境界"：

一个老城，有山有水，全在蓝天下很暖和安适地睡着。

"一个老城"，自然指老城中的人们，自然也包括生活在城里的作者本人。

由此可知，能够"在蓝天下很暖和安适地睡着"是作者的情感之所系。

如果说，济南冬天的"温晴"为全城"很暖和安适地睡着"创造了天时上的

---

① 老舍. 老舍全集（卷14）[M]. 北京：人民文学出版社，2013：40.
② 老舍. 老舍全集（卷14）[M]. 北京：人民文学出版社，2013：1.

条件，那么，济南的"山水"则在地利方面成全了济南在冬天能"很暖和安适地睡着"。

"温晴"提供了"暖和"的条件，"山水"给予了"安适"的环境。

那我们就瞧瞧作者是怎样描写"山"的吧：

这一圈小山在冬天特别可爱，好像是把济南放在一个小摇篮里，他们全安静不动地低声地说："你们放心吧，这儿准保暖和。"

冬天的"小山"被作者形容成一个"特别可爱"的"小摇篮"，将济南全城包裹起来保暖，而且还赋予了生命，用"他们"一词将小山拟人化，将他们化作了一众"暖男"。

"安静不动"与"低声地说"并不矛盾，前者在于表现小山沉静稳重的性情，后者指向小山亲切温和的口吻，而这一切的描写与刻画都是在烘衬冬天济南给人以"暖和安适"的感觉。

除了小山有"暖男"一般的护佑力之外，作者还因为小山上青黑矮松的树尖儿顶着"一髻儿"白雪，就将其比作了"日本看护妇"，这种比喻就传递出一种女性的温柔与抚慰，进一步给冬天的济南营造了"暖和安适"的氛围。

不仅如此，就因为这点儿雪，作者将小山深藏的女性秀气也开掘了出来。

山坡上的小雪与草色共同"织"就了一件白黄相间、带有水纹的花衣裳；山腰上那点儿"可爱"的薄雪，在夕照下"忽然害了羞，微微露出点儿粉色"，点染出羞赧可掬的情愫。

这些描写展现出小山的秀美，"饱含（作者）喜爱的心情"[①]，更将冬天的济南推向"暖和安适"的境地。

再来看看城外山坡上的那些小村庄吧，作者也把它们都拟人化了，形容他们"卧"在山坡上；同样，作者也将雪拟人化，形容雪"卧"在小村庄的房顶上。

课文是这样表述的：

山坡上卧着些小村庄，小村庄的房顶上卧着点儿雪，对，这是张小水墨画，也许是唐代的名手画的吧。

这句话中的两个"卧着"，不仅将"小村庄"与"（一）点儿雪"那种安稳踏实的姿态和情意描摹得栩栩如生，更是表露出上文提及的"很暖和安适地睡着"这样一种"理想的境界"。

作者将城外山坡上的风景比作出自唐代名手的水墨画，这一比喻也是值得推

---

① 人民教育出版社课程教材研究所中学语文课程教材研究开发中心. 义务教育教科书 教师教学用书 语文 七年级上册 [M]. 北京：人民教育出版社，2019：15.

敲哑摸一番的。众所周知，唐代的水墨画大多追求洒脱、恬然的气质，表现一种山水田园般的诗意生活。这样看来，作者选取"唐代名手的水墨画"作为喻体，也是为了能够恰当地呈现冬天济南的"暖和安适"的生活状态吧。

指向语文课程核心素养的课文阅读，需要关注比喻句中喻体的特征，比如"唐代名手的水墨画"等，也要关注那些指向拟人修辞的词句在语言环境中的含义，比如"山坡上卧着些小村庄"的"卧着"一词。因为它们会唤醒读者的记忆，会调动读者的积累，会使读者形成一种比较深层次的阅读感受，会引发读者一定程度上的共鸣。关注它们，探究它们，将直接关系到我们的阅读质量，影响到我们对作者思想情感的推断。

济南是泉城，所以冬季的水，首先表现出"活"的特点——"不但不结冰，反倒在绿萍上冒着点儿热气"。

水里的"水藻"同样也是"活"的——"水藻真绿，把终年贮蓄的绿色全拿出来了"。

作者写济南冬水的"活"就是要彰显出一种积极的生命状态，就是要营造山水家园里那一股蓬勃有力的生气。这个"活"字更是呼应了原作结尾处的一句话："听着溪水活活的流，要睡了，这是有催眠力的。"[①]

从文字的表面意思上看，济南冬水的"活"对于作者具有催眠作用，"溪水活活地流"能让作者"在蓝天下很暖和安适地睡着"；而从深层含义上，这其实象征了作者老舍对"理想的境界"的一种追求、对"暖和安适"生活的一种享受或向往。

其次，写水之"清"。

"况且那长枝的垂柳还要在水里照个影儿呢"这一句在表露垂柳爱美心思的同时，也反衬了水的澄清。当然更重要的是，作者写冬水澄清的目的在于要把"澄清的河水"与"清亮的天色"自下而上地整合成一块"空灵的蓝水晶"，让这块蓝水晶"包"着冬天的济南——那有着"红屋顶、黄草山，像地毯上的小团花的小灰色树影"的冬天的济南。

如此一来，在作者心目中，冬天的济南便形成了一个相对封闭且独立的美好时空：既有温晴天气的照拂，又有秀美小山的呵护，还有碧水青天所凝成的"蓝水晶"的包藏。可以毫不夸张地说，对于老舍而言，济南的冬天有了一种家的感觉，充满了一种家的温情，这是一处能"在蓝天下很暖和安适地睡着"的"理想的境界"，它仿佛父母温暖的怀抱，又像是一个人心灵的栖息地。

---

① 　老舍．老舍全集（卷14）[M]．北京：人民文学出版社，2013：4.

从"暖和安适"凸现"家园情怀"

课文到此结束了，但要准确合理地把握课文内容，还需从文章的整体角度上进行观照，还不能忽略原作结尾的两段文字。

因为从结尾两段文字中，我们可以看出，作者再次明确地点出了："要睡了，这是具有催眠力的。"[①]——济南冬季的飞鸟与"活活"流淌的溪水是具有"催眠力的"；作者最后还大胆地这样建议："睡吧，决冻不着你。"[②] 可见，作者之所以喜爱与赞美"济南的冬天"，就在于它能给人一种"很暖和安适地睡着"的家园情怀。

为什么会得出这样的结论呢？

这是由于课文《济南的冬天》是原作的节选，所以宜从原作的整体角度进行解读。除此之外，我们还联系了作者老舍在济南生活的具体情况来推断。

1930 年至 1934 年，老舍偕妻子在济南生活了四年。这段岁月不但是他创作上的高峰期，更是他家庭生活一段比较惬意的时光。相反在此之前，老舍在伦敦五年的生活可谓"孤独、寂寞和贫困"[③]，他没有丰厚的收入，更缺少精神上的安慰；后来连回国的钱也"仅够买三等票到新加坡的"[④]，作者不得不滞留于当地，靠着教书才攒足了路费；最后回到北京也不顺利，寄居在朋友家里。

所以，对于前一阵子颠沛流离、孤寂贫困的作者老舍来说，虽然在济南只有短短的四年，但"在那里，我有了第一个小孩，即起名为'济'。在那里，我交下不少的朋友：无论什么时候我从那里过，总有人笑脸地招呼我；无论我到何处去，那里总有人惦念着我。……在那里，我努力地创作，快活地休息……显明地在这一生里自成一段落，深深地印划在心中；时短情长，济南就成了我的第二故乡。"[⑤]

综上可见，作者对济南这座城市充满了梦一般的眷恋之情，它其实揭示出老舍对一种安适宁静生活的向往与渴盼，而济南冬天所给予"很暖和安适地睡着"的"理想的境界"十分契合作者的情感倾向与精神追求。因而，作者对冬天济南的山川风物投射出了极大的情感，就是为了寄寓他对安适宁静生活的渴望与追求，

① 老舍．老舍全集（卷 14）[M]．北京：人民文学出版社，2013：4.
② 老舍．老舍全集（卷 14）[M]．北京：人民文学出版社，2013：4.
③ 赵毅衡．老舍：伦敦逼成的作家[J]．教师博览．2000（5）：17.
④ 老舍．老舍全集（卷 14）[M]．北京：人民文学出版社，2013：25.
⑤ 老舍．老舍全集（卷 14）[M]．北京：人民文学出版社，2013：112.

映照出他的家园情怀。

我们阅读这一类写景抒情的散文时，抓住景物的特征自然是必须的，感受景物之美自然也是必需的，可更关键的是要找到景物在作者心中的地位和价值所在，这样才能很好地理解这些景物中所蕴含着的作者的某种深意；而散文又在很大程度上是表达作者情感诉求的一种文学体裁，因此，了解作者的生活环境和文章的相关背景，也是鉴赏写景抒情散文的一把钥匙。

指向语文课程核心素养的课文阅读，如果课文是节选文，那么应该适当拓宽阅读视域，从文章的整体角度来观照课文，这样对准确把握课文的主要内容、合理推断作者的思想感情大有裨益。

赵庄的"好戏"

——解读《社戏》

课文《社戏》是一篇节选文。

《社戏》的原作在开头部分先行交代了"我"成年后在北京戏园看戏的两段经历，接着再引出课文的内容——童年的"我"跟着小伙伴们去赵庄看社戏。

如此看来，原作的开头部分实际上与课文内容存在着一种比较紧密的关联。

更值得一提的是，课文《社戏》课后的"积累拓展"第五题也要求学生阅读《社戏》原作，并体会"作者通过写不同的看戏经历，表达了一种怎样的情思？"。可见，统编语文教科书的编者也在引导学生整体阅读文本，避免对节选文形成一种封闭狭隘的理解。

因为只有与北京看戏进行对照，我们才能发现赵庄的"好戏"。否则失去了参照物，便无法真正抓住赵庄"好戏"的特点。

以语文课程核心素养为导向的课文阅读，如果课文是节选文，应当把握好课文和原作之间的关系，在紧扣课文自身重点、难点的前提下，还原作品本来的面貌，宜从原作的整体视角出发，观照课文在原作中的意义与作用。

《社戏》原作在讨论人的"生存"问题

赵庄看戏，是"我"在平桥村的"第一盼望"，它直接使"我"听觉上出现了幻想：

我似乎听到锣鼓的声音。

或者：

（我）似乎听到歌吹了。

可是后来两次去北京的戏园，"我"非但没有产生什么幻听，耳朵还遭受了"冬冬喤喤的敲打"①之灾，特别是第一次"在外面也早听到冬冬的响"②；找座位时"耳朵已经喤喤的响着了"③；出剧场走了许多路，"耳朵只在冬冬喤喤的响"④。

可见，北京的戏园里真是让"我"的两耳灌足了嘈杂的噪声，全然没有了当年去赵庄看戏时所幻听到的那一曲"宛转，悠扬"的横笛声了。

去赵庄看戏，"我"不仅产生了幻听，而且还有幻视。

你看，在前往赵庄的路上，"我"误把松柏林当成赵庄，又错将渔火视作戏台，这自然是出于"我"看戏的急切心情；而月夜下赵庄的那座戏台，更是被"我"描绘得如梦如幻，好似"画上见过的仙境"一般，充分流露出"我"对看社戏的神往。

反观北京的戏园，"我"感到十分拥挤，"戏台下满是许多头"⑤，"连立足也难"⑥；"我"又感到非常不适，因为观众席里的"一条长凳"好像"私刑拷打的刑具"⑦，令"（我）不由的毛骨悚然"⑧。

通过听觉和视觉这两方面的对照，我们很容易地就体验到并且理解了"我"想去赵庄看社戏的那种激动、兴奋的心情。

瞧，赵庄的社戏明明平淡无奇，有的剧目还特别无聊，但对于"我"而言，"仿佛看戏也并不很久似的"，"我"从未有如坐针毡、度日如年的不适感；反

---

① 鲁迅 . 鲁迅全集（第1卷）[M]. 北京：人民文学出版社，2005：588.
② 鲁迅 . 鲁迅全集（第1卷）[M]. 北京：人民文学出版社，2005：587.
③ 鲁迅 . 鲁迅全集（第1卷）[M]. 北京：人民文学出版社，2005：587.
④ 鲁迅 . 鲁迅全集（第1卷）[M]. 北京：人民文学出版社，2005：587-588.
⑤ 鲁迅 . 鲁迅全集（第1卷）[M]. 北京：人民文学出版社，2005：587.
⑥ 鲁迅 . 鲁迅全集（第1卷）[M]. 北京：人民文学出版社，2005：588.
⑦ 鲁迅 . 鲁迅全集（第1卷）[M]. 北京：人民文学出版社，2005：587.
⑧ 鲁迅 . 鲁迅全集（第1卷）[M]. 北京：人民文学出版社，2005：587.

而在离别赵庄时，"我"仍旧依依回望，那座戏台"又如初来未到时候一般，又漂渺得像一座仙山楼阁，满被红霞罩着了"。抓住文本此处的矛盾冲突，我们便能理解赵庄的社戏对"我"来说，其实是一种审美活动。

然而到了北京的戏园，"我"反复两次提及了在台下"不适于生存"[①]，以至于"我"两次都中途退场，两次都表现得狼狈不堪。

所以，如果将赵庄看戏与北京的两次看戏进行对比，我们就会发现：鲁迅《社戏》的原作其实是在讨论人的"生存"问题。

不仅仅是人的身体在物理空间上的生存，更是人的心理在精神空间上的生存。

比如，在北京戏园里，"我"想知道台上唱戏的名角是谁，便问挤在左边的一位胖绅士，没想到这位胖绅士"很看不起似的斜瞥了我一眼，说道，'龚云甫！'"。[②]

他那种鄙夷的眼神与口吻导致"我深愧浅陋而且粗疏，脸上一热，同时脑里也制出了决不再问的定章"[③]。

而在赵庄看戏，虽然没有"我最愿意看的"剧目，反而有"我所最怕的东西"，但是"我"可以与小伙伴们进行真实、自由的交流与评价，完全不必看旁人的脸色。

比如，老旦一出来唱，大家"都很扫兴"，"我"也很扫兴，大家的意见是一致的，我们有着共同的"欣赏品位"。

后来，老旦又坐下来唱，"我很担心；双喜他们却就破口喃喃的骂""全船里几个人不住的吁气，其余的也打起呵欠来"。

最终双喜提议回家，"大家立刻都赞成，和开船时候一样踊跃"。

可见，社戏不在于好看与否，而在于"我"和小伙伴们看戏时的状态是随性自足的，是散漫自在的，是"适于生存"的，它完全不同于北京的那位胖绅士以一种虚张声势的冷漠生造出令人压抑的心理空间。

所以，在北京的戏园里，"我"不仅在物理空间上感到局促，更在心理的精神空间上产生了恐惧和压抑。

相比之下，赵庄的社戏则是"在野外散漫的所在，远远的看起来，也自有他的风致"[④]。我们的白篷航船也不愿意与近台那些土财主家眷所坐的乌篷船靠在一起，后者"多半是专到戏台下来吃糕饼、水果和瓜子的"。

虽然小伙伴们"都挤在船头上看打仗（的戏）"，但"我"丝毫没有感到空

---

①　鲁迅．鲁迅全集（第1卷）[M]．北京：人民文学出版社，2005：589.
②　鲁迅．鲁迅全集（第1卷）[M]．北京：人民文学出版社，2005：588.
③　鲁迅．鲁迅全集（第1卷）[M]．北京：人民文学出版社，2005：588.
④　鲁迅．鲁迅全集（第1卷）[M]．北京：人民文学出版社，2005：589.

间上的逼仄，这里的"挤"反而显出小伙伴们的"散漫"与亲昵，而且没有一丝心理空间上的挤兑和迫压，大家的活动都是自由的、开放的、无拘无束的。

你看，对于不喜欢的戏，"年纪小的几个多打呵欠了，大的也各管自己谈话"；看到有意思的场面，"大家才又振作精神的笑着看"；午夜归航时，小伙伴们在"拔了篙，点退几丈，回转船头，驾起橹"的同时，仍然没有忘记"骂着老旦"，"一面议论着戏子，或骂，或笑，一面加紧的摇船"。

所以，平桥村于"我"而言，可以说是一方"乐土"，而"乐土"之"乐"应当从根本上指向适于生存的空间所营造出来的快乐。

开创属于自己的"生存"空间

当然，一个人的生存空间更需要自己去开创。

赵庄看戏，其实就是"我""双喜"等小伙伴们共同努力从外祖母、母亲那里争取到的。

双喜的重要性自不待言，他"大悟似的提议""大胆写包票"均起到了一锤定音的作用；同时，其他小伙伴的"撺掇"也形成了相当的推助力；而"我"则采用了"哀者必胜"的兵法——"我急得要哭"，这便一下子赢得了母亲特别是外祖母的同情，使她们天然地站在了"我"去赵庄看戏这一合乎情理的立场上——"外祖母很气恼，怪家里的人不早定，絮叨起来"。

如此一来，当双喜忽然"大悟似的提议"时，便基本解决了母亲和外祖母的难题。虽然外祖母"怕都是孩子们，不可靠"，母亲也觉得要大人熬夜陪护不妥，但她们还是露出了"迟疑"的态度，她们这种"迟疑"的态度再一次被双喜"看出底细"，双喜便又敏锐地抓住她们"迟疑"这一绝佳的良机，以"大胆写包票"的方式打消了外祖母和母亲的犹豫。

可见，赵庄看戏的成行简直是起"死"回"生"，这可以从"我的很重的心忽而轻松了，身体也似乎舒展到说不出的大"一句体现出来。

你看，"轻松""舒展"这些词语便是"我"和小伙伴们争取到自己活动空间后的一种愉快的写照；而"很重的心忽而轻松"则表明"我"终于达成了去赵庄看戏这个"第一盼望"；"身体也似乎舒展到说不出的大"更意味着"我"能够暂时摆脱大人的管束，跟随小伙伴们一同独立自主地去赵庄看戏，是多么惬意而又刺激的一件事情啊！

因而，在这前不巴村，后不着店，"左右都是碧绿的豆麦田地的河流中"，小伙伴们"有说笑的，有嚷的"；"我"也放飞了心灵，既闻到水气中豆麦和水草的清香，又看到朦胧的月色与淡黑的起伏的连山，更幻听到了横笛声，而横笛声居然有一种吸引人的魔力，使"我"陶醉于其中而迷离恍惚，觉得要和它一同神游在"含着豆麦蕴藻之香的夜气里"；午夜归航时，小伙伴们放飞自我的热情达到了顶峰，除了将那白篷的航船摇得"像一条大白鱼背着一群孩子在浪花里蹿"，还想到了偷吃罗汉豆的主意。

如果偷多了阿发家的豆，"阿发的娘知道是要哭骂的"，于是，大家又跑到六一公公的田里再各自偷了一大捧。

我们还用了八公公船上的盐和柴煮豆，"这老头子很细心，一定要知道，会骂的"，但大家讨论之后，"归结是不怕"，因为我们有八公公的把柄，可以向他讨还"去年在岸边拾去的一枝枯柏树，而且当面叫他'八癞子'"。

面对六一公公的质询，双喜就仿佛一个"小大人"一般，大大方方地这样承认道："是的，我们请客。"因为"在小村里，一家的客，几乎也就是公共的"，六一公公理应出一份力，这样双喜就将偷豆的矛盾成功而且体面地化解掉了。后来，六一公公果然笑着说："请客？——这是应该的。"

由此可见，小伙伴们之所以能够在天地之间从容不迫地"游走"，是因为他们不断以自己的方式来与现实世界里的人或事"斗法"与"过招"，以赢取自身的生存空间。他们聪明，能干，有办法，充满灵气，而"我"在北京戏园里则是"机械的"[1]、被动的、木讷的、听人摆布的。

因此，从小说《社戏》原作的整体角度来看，作者鲁迅并非简单地回忆"我"童年幸福快乐的生活，而是通过"我"去赵庄看戏与在北京两次看戏的对比，批判在北京戏园里对个体精神自由的侵犯以至生存的威胁，以此来反衬出赵庄的"好戏"。

社戏的"好"是因为有着"适于生存"的空间，更重要的是，在看戏过程中小伙伴们对自身生存空间的开拓，进而创造了属于自己精彩的天地与人生。"那夜似的好戏"与"那夜似的好豆"其实都源于小伙伴们自身的争取。

鲁迅小说集《呐喊》中出现了不少回忆故乡的作品，这些作品的共同点都是将可爱的故乡与污浊的社会现实进行对比，《社戏》作为《呐喊》中的一篇自然也不会例外。

不仅如此，鲁迅在《〈呐喊〉自序》中也明确表达了结集的目的："呐喊几

---

[1]　鲁迅．鲁迅全集（第 1 卷）[M]．北京：人民文学出版社，2005：589.

声，聊以慰藉那在寂寞里奔驰的猛士，使他不惮于前驱"①，这样便有"毁坏这铁屋的希望"②。作者当时受到新文化运动的鼓舞，从心里为时代"呐喊"，希望以此唤醒国民麻木不仁的思想和灵魂，渴望推动社会变革。

由此可知，鲁迅通过《社戏》一文，想要告诉大家，人不仅需要生存空间，更需要开创属于自己的生存空间。

指向语文课程核心素养的课文阅读，对于《社戏》这一类的节选文，宜通过还原课文原作，适当拓宽阅读视域，从原作的整体角度来观照课文，将原作与课文进行比较阅读，发现它们之间的差异，从而激发思辨，从整体上理清文章的脉络，准确解读文章主要内容，合理把握作者的思想感情，避免对节选文形成封闭狭隘的理解，这样才能立体地分析人物形象，深刻地理解文章主旨，全面地还原艺术作品。

"一声不吭"也是一种力量

——解读《那个星期天》

希望落空是一种必然

史铁生的《那个星期天》记叙了"我"盼望母亲带"我"出去玩的经历，生动描绘了"我"从满怀希望到焦急等待，最终彻底失望的一个心理变化过程。

然而从文本中，我们可以发现："我"在满怀希望的同时，也预感到这一希望终将会落空。

因为课文这样写道：

我不知道那堆衣服要洗多久，可母亲应该知道。

既然母亲应该知道洗完衣服的时间，可结果仍让"我"失望了，这说明母亲在她这一天的行事日程上，把"带我出去玩"这件事当作了一件极其微不足道、无足轻重的事。

---

① 鲁迅.鲁迅全集（第1卷）[M].北京：人民文学出版社，2005：441.
② 鲁迅.鲁迅全集（第1卷）[M].北京：人民文学出版社，2005：441.

文章后来这样写道：

看着盆里揉动的衣服和绽开的泡沫，我感觉到周围的光线渐渐暗下去，渐渐地凉下去沉郁下去，越来越远越来越缥缈，我一声不吭，忽然有点儿明白了。

"我一声不吭，忽然有点儿明白了"这一句话就点明了"我"终于明白了母亲压根没有打算带我出去的意思。

那个星期天，春意融融，是阳光明媚的一天，"我"满怀希望，却早已注定了"我"最终要失望，似乎正应了文中这样一句话："去年的荒草丛里又有了绿色，院子很大，空空落落。"

明确了希望落空是一种必然，这就为解读课文定下了基调。

课文是节选文，选自史铁生半自传式长篇小说《务虚笔记》第四章《童年之门》中的一小节。虽然经过了统编教科书编者的节选与改动，但我们仍能从字里行间读出"信仰""命运"等这些专属于史铁生的文风笔迹。我们甚至还必须审视小说标题中"务虚"这一短语，否则解读课文无异于隔靴搔痒。

如果课文是节选文，那么指向语文课程核心素养的课文阅读，应该适当尊重原作的标题，并以此来观照课文内容，处理好课文和原作之间的关系，这样解读课文才会走向真实，才会趋于合理，而不至于失之偏颇，甚至牵强附会。

作者史铁生的命运观，大家很容易理解。一个人惨遭那样的疾患，而且病到那样的程度，宿命论可能就是他唯一的心灵救助了。然而，小说标题《务虚笔记》的"务虚"一词却在表明这样一种积极的人生态度："人生要'务虚'，不要太在意结果，因为结果已定，所有人都逃脱不了；唯有活出过程的精彩与美好，人才能实现自我救赎与超越。"[1]

《务虚笔记》既然是史铁生的精神自传，那么，"信仰"与"命运"的对抗就永远是这位轮椅上作者的主旋律。

"一声不吭"也是一种力量

你看，课文从一开始就写"我"催促母亲动身，母亲却说"等一会儿"，"我"立刻预感到事情不会太顺利。因为母亲说的"等一会儿"的"一会儿"决不是"那么简单的一会儿"，她有很多事要做，有很多问题要处理。所以，当她提着篮子

---

[1]　李永青. 超然现实的"务虚"之路：解读《务虚笔记》之"务虚"[J]. 太原城市职业技术学院学报，2016（1）：203.

去买菜的时候，已经明显地将"我"的事情搁置在一旁了。

这样一来，课文最打动人心的地方就立刻显露出来了，那就是："我"以一个孩童的身份，以一种薄弱而天真的力量与现实的命运进行对抗，呈现出一个孩童的纯真在一天之内遽变至"一声不吭"的那种深沉，从而揭示作者对人类信仰之渺小的悲悯。

如果将"我"的希望姑且看作人类终极信仰的话，那么作者史铁生则是不遗余力地写出了"我"作为一个孩童，为实现这一终极信仰做出所有的薄弱而天真的努力。

纵观全文，"我"薄弱而天真的努力表现在何处呢？

比如：

走吗？等一会儿，等一会儿再走。我跑出去，站在街门口，等一会儿就等一会儿。

或者是：

您说了去！等等，买完菜，买完菜就去。买完菜马上就去吗？嗯。

"我跑出去，站在街门口"显示出"我"的祈盼与纯真；"您说了去！"这一感叹语气透出"我"的一丝抗争；"买完菜马上就去吗"的"马上"则隐含着"我"有条件的妥协。

妥协也是为了实现愿望。妥协若不奏效，"我"就与命运交锋。

文中哪些地方又写了"我"与命运的交锋呢？

比如：

去吗？去吧，走吧，怎么还不走呀？走吧……

这是"我"与母亲"念念叨叨"地理论着。

它们好几次绊在我身上，我好几次差点儿绞在它们中间把它们碰倒。

"它们"是指母亲那两条忙碌的腿，"我"在它们中间绊来绞去，这难道不是"我"与命运交锋时一种挣扎的状态么？

我想我再不离开半步，再不把觉睡过头。我想衣服一洗完我马上拉起她就走，决不许她再耽搁。

这是"我"与命运抗争到底的宣言。尽管这种抗争的力量是如此的薄弱而天真，却显现出"我"直面命运的勇气与决绝。

然而，命运似乎早已注定。

文章这样写道：

我不知道那堆衣服要洗多久，可母亲应该知道。

　　既然母亲应该知道洗完衣服的时间，那么她为什么最终让"我"失望了呢？原因只有一个，那就是母亲从未重视过"我"的事，她对"带我出去玩"这件事根本没有任何的安排或计划。"我"只是一个孩童而已，傻傻地"蹲在她身边，看着她洗。我一声不吭，盼着。"

　　"一声不吭"其实就是"用最无声的动作表达最焦急的心情"①。这是"我"与命运在行动上的第一次对抗。

　　但接下来，"我"逐步感到希望在渐渐地破灭：

　　我看着盆里的衣服和盆外的衣服，我看着太阳，看着光线，我一声不吭。

　　"我"一下子变得不再"念念叨叨"，更不再"纠缠"母亲，"我"只关心着"太阳""光线"以及盆里盆外的衣服，这时的"我"似乎在这一天之内长大了许多，"一声不吭"就是"我"成熟的标志。

　　这是"我"与命运在行动上的第二次对抗。

　　终于，"我"意识到了命运的定数：

　　看着盆里揉动的衣服和绽开的泡沫，我感觉到周围的光线渐渐暗下去，渐渐地凉下去沉郁下去，越来越远越来越缥缈，我一声不吭，忽然有点儿明白了。

　　从"盆里揉动的衣服"和"绽开的泡沫"可以看出，母亲把衣服洗得热火朝天，她那"咔嚓咔嚓搓衣服的声音""永无休止就像时光的脚步"；然而，阳光承载着"我"的终极信仰与所有梦想，却随着光线愈加暗淡，希望也愈加渺茫，心意也愈加灰冷了。"我"并没有像平常的孩子那样大哭大叫、大吵大闹，反而一动不动地蹲在地上"一声不吭"。这是文章第三次点出了"我一声不吭"，这种与命运抗争的力量终于使"我"洞悉了自身的命数，让"我"看到了"我"命该如此——母亲从一开始根本就没有打算带"我"出去。

　　如果说，一次次的妥协等待、与母亲"念念叨叨"地理论、"纠缠"母亲都属于"我"外在努力的话，那么此时此刻，"我一声不吭"则是一种内在的隐性力量。这种力量让母亲最终意识到她所忽略的东西，这种力量让"我"以"不出声地流泪"，而非放声哀嚎来表达"我"的不满、委屈与无能。

　　人一切的痛苦，本质上都是对自己无能的愤怒。当情感郁积到一定程度，"一声不吭"也是一种力量，一种抗争命运的力量。

　　我们知道，史铁生是一个既有残疾又多生病患的人，他"曾经长达十年都无

---

①　人民教育出版社课程教材研究所中学语文课程教材研究开发中心. 义务教育教科书 教师教学用书 语文 六年级下册 [M]. 北京：人民教育出版社，2018：75.

法理解命运的安排，觉得自己的生命就是一场冤案"[1]，但也正因如此，使他看清了人类命运的悲剧性、残酷性，甚至荒诞性。于是，史铁生站在"务虚"的层面上，"悟到了其实残疾是人类的普遍命运"[2]，每个人生来都有局限，只是残疾的程度不同而已，都要通过自身"薄弱而天真"的努力去追求自己的信仰。

可见，"一声不吭"就是史铁生对抗自身命运的一种方式，他在其他一些作品中也常常这样引用或表述。比如《命若琴弦》中"小瞎子哭了几天几夜，老瞎子就那么一声不吭地守着"，如《奶奶的星星》中"她一声不吭地收起皮筋，一声不吭地去干那些活。奶奶总是夸她，夸她的时候，她也还是一声不吭。"

罗曼·罗兰说过，世界上只有一种真正的英雄主义，是在认清生活的真相后依然热爱生活。所以，作者史铁生是一个不可以被拿来励志的人，因为他活得比正常人还健康，他绝不是什么"残疾"人，只是双腿不在而已，他要比所有拥有双腿的人都更加健全，也更加高尚。

课文的结尾并非小说的结尾

最后，还必须要强调一下课文的结尾并非原作的结尾。

指向语文课程核心素养的课文阅读绝不是断章取义的课文阅读，尤其是这篇课文的末尾文字为"我"的绝望给出了如此生动形象的描绘："男孩儿蹲在那个又大又重的洗衣盆旁，依偎在母亲怀里，闭上眼睛不再看太阳，光线正无可挽回地消逝，一派荒凉。"

这段文字虽然渲染出一种湮灭消亡的格调与色彩，但其实在课文的原作中，紧随其后的还有这样一段话：

小姑娘O必会有这样的记忆，只是她的那个院子也许更大、更空落，她的那块草地也许更大、更深茂，她的那片夕阳也许更大、更寂静，她的母亲也如我的母亲一样惊慌地把一个默默垂泪的孩子搂进怀中。不过O在其有生之年，却没能从那光线消逝的凄哀中挣脱出来。……她都是蹲在春天的荒草丛中，蹲在深深的落日里的执拗于一个美丽梦境的孩子。O一生一世没能从那春天的草丛中和那深深的落日里走出来，不能接受一个美丽梦境无可挽回地消逝，这便是O与我的不同，因故我还活着，而O已经从这个世界上离开。

---

[1]　苏娅. 史铁生：爱是人类唯一的救赎 [N]. 华夏时报，2005-12-05（B12-13）.
[2]　邓晓芒. 史铁生的哲学 [J]. 天涯，2018（2）：7.

由此可见，作者史铁生并没有传递消极的观点，相反，他认为"务虚"即超越，超越自己，包括身体上的痛苦或心灵上的创伤；"务虚"就是指不可一味地执拗于一个美丽虚幻的梦境，要勇敢地从"一派荒凉"的残照里走出来，站在高处远眺信仰。哪怕命运决定了你，你也可以从中找到生命勃发的原力，也许它只是一种"薄弱而天真"的力量，但一定要赋予其自身特有的意义。而"我一声不吭"就是作者史铁生抗争命运的一种内在的隐性力量，也是在他洞彻命运的残酷、荒诞之后的一种积极的人生态度。

笔者认为，在讲这篇课文的时候，应当考虑给孩子们交代这一段被删掉的话，让学生看到希望，看到作者史铁生的人生观，看到人生过程中奋斗的精彩。

纵观课文，从文字表面上是在讲一个小男孩从希望到失望的心理过程，但如果我们站在小说的整体角度，结合小说的标题与原作的结尾，联系作者史铁生的实际情况，便能看出文本内容的制高点，这个制高点就是在表现人生就是与命运不断地拼斗，人生即奋斗，"一声不吭"也是对抗命运的一种力量，哪怕是知晓了命运的结果，仍要努力活出人生过程中的精彩，找到自己人生存在的价值与意义。

由此可见，我们在阅读课文时，需要尊重文本的整体架构，尊重作者的整体构想，要还原文章标题，还原文章原作，这样我们才能在一个真实的语言环境里看到祖国语言文字的巧妙运用与合理建构。

第二节　还原课文原作，辨析优劣

《卖油翁》主题与文本价值的确立

还原原作，确立课文主题

在课文主题多义的情况下，我们可以考虑还原课文的原作，然后站在原作的主要内容、中心主旨、写作意图、精神风貌等视角或层面来观照课文，从而准确把握课文内容，合理地推断作者的思想感情，厘清课文的主题。可以说，这是以语文课程核心素养为导向的课文阅读的思路之一。

陈尧咨和卖油翁的故事原本出自欧阳修《欧阳文忠公文集二九·笔说》中《转笔在熟说》一文，原作如下：

转笔在熟说

昨日王靖言转笔诚是难事，其如对以熟，岂不为名理之言哉？往时陈尧咨以射艺自高，尝射于家圃。有一卖油里（"里"字疑衍）翁释担而看，射多中。陈问："尔知射乎？吾射精乎？"翁对曰："无他能，但手熟耳。"陈忿然曰："汝何敢轻吾射！"翁曰："不然，以吾酌油可知也。"乃取一葫芦设于地，上置一钱，以杓酌油，沥钱眼中入葫芦，钱不湿。曰："此无他，亦熟耳。"陈笑而释之。

（《欧阳文忠公文集二九·笔说》）

从这则小故事的标题和作者的写作意图来看，欧阳修意在强调"熟能生巧"。

从《卖油翁》原作的内容上，我们更可以推断出原作的中心主旨：对待困难之事的方法就是将它练熟。作者欧阳修将"熟"视为"名理之言"，同时又举出陈尧咨射箭和卖油翁倒油的例子，其中"手熟"一词也是多次被强调突出。显然，作者的写作目的并不在于讥刺陈尧咨"自高"，也不在于褒赞卖油翁的沉稳淡定，而在于揭示"熟能生巧"这一道理。

后来，欧阳修将这篇小文选入了《归田录》，由于皇帝索要阅览，欧阳修又对此文进行了一定的修改，改文如下：

陈康肃公尧咨善射，当世无双，公亦以此自矜。尝射于家圃，有卖油翁释担而立，睨之久而不去。见其发矢十中八九，但微颔之。康肃问："汝亦知射乎？吾射不亦精乎？"翁曰："无他，但手熟尔。"康肃忿然曰："尔安敢轻吾射！"翁曰："以我酌油知之。"乃取一葫芦置于地，以钱覆其口，徐以杓酌油沥之，自钱孔入，而钱不湿。因曰："我亦无他，惟手熟尔。"康肃笑而遣之。此与庄生所谓解牛、斫轮者何异？

（《归田录》卷一）

我们从中看到了一些文字上的改动：原作对陈尧咨直呼姓名，而改文却敬称陈尧咨为"公"或"康肃"；小字体"尧咨"仅标于"康肃公"下方，作为备注。欧阳修又在《归田录》卷二的文末明确指出："不书人之过恶。"

由此，我们基本可以认定《卖油翁》一文的意旨不在于褒贬人物。

再者，改文结尾添加了这样一句话："此与庄生所谓解牛、斫轮者何异？"

这一句"看似多余，实际上起着点明主题的作用"①。

如此一来，这篇文章的主题就更为明确地指向了"熟能生巧"。

众所周知，《庄子》中"庖丁解牛"的故事是在比喻经过反复实践，掌握事物的客观规律，才可运用自如；而"轮扁斫轮"的故事则指出需要靠自己从实践中摸索出规律，方能得心应手。从这两则故事联系到射箭与倒油等技艺，说明了只有经过反复实践，掌握一定的规律，这样才能"生巧"。

综上可见，《卖油翁》的主题仍在强调"熟能生巧"这一道理，而并没有对人物进行褒贬议论。

查询有关工具书，《古文鉴赏辞典》（江苏文艺出版社1987年11月版）、《古代小品文鉴赏辞典》（上海辞书出版社2011年1月版）、《唐宋八大家文品读辞典》（新世界出版社2008年3月版）以及《新古文观止》（北京燕山出版社1991年3月版）均将这则故事的主题定位于："告诉人们一个'熟能生巧'的道理。"

比较原作与课文，确立文本价值

毫不夸张地说，作者的修改使陈尧咨、卖油翁两位人物的形象显得更加丰满生动，两位人物之间的对比映衬所形成的张力非常强劲，再加上改文选入教科书后又删减掉了文末"此与庄生所谓解牛、斫轮者何异"这一句，以至于后人容易得出"褒翁贬陈"的结论，也容易引申到做人、做事或做学问等方面。

因此，对于课文《卖油翁》，在确立"熟能生巧"这一主题的前提下，我们不反对融入批判陈尧咨的狂傲自夸，也不反对融入褒赞卖油翁的沉稳淡定。比如统编语文教科书配套的《教师教学用书》（七年级下册）就将课文的中心主旨总结为："精湛的技艺无非是反复练习的结果，没有什么值得夸耀的。"

既然如此，那么课文《卖油翁》的文本价值其实就应当在于："熟能生巧"这一道理是通过对人物形象生动、细致入微的描摹，以及他们相互之间的映衬冲突来进行揭示的。

比如在人物刻画方面，原作是这样描述卖油翁出场的：

有一卖油翁释担而看。

---

① 上海辞书出版社文学鉴赏辞典编纂中心．古代小品文鉴赏辞典 [M]．上海：上海辞书出版社，2011：297．

而课文则是：

有卖油翁释担而立，睨之久而不去。见其发矢十中八九，但微颔之。

我们发现，课文将一般意义上的"看"字改换成了饱含情感态度的"睨"（斜着眼看），这是从人物的神态方面表现了卖油翁的淡然以对；课文又给卖油翁增添了一句动作描写——"但微颔之"，这是从人物动作上进一步表明了卖油翁认为陈尧咨"十中八九"的射技并不十分高明。这样便一下子就将卖油翁那种气定神闲、胸有成竹、淡然沉稳的性格特征呈现出来了。

针对卖油翁的态度或评价，原作是这样描写陈尧咨那两句质问的：

尔知射乎？吾射精乎？

而课文却是这样表述的：

汝亦知射乎？吾射不亦精乎？

不可否认，课文的"亦"与"不亦"添改得好。前者的"亦"流露出陈尧咨咄咄逼人的口气，完全暴露了他对卖油翁的一种不满情绪以及怀疑、轻慢的态度；后者的"不亦"更加强了反问的力度，将陈尧咨"自矜"的性格又浓墨重彩地增添了几分，甚至显现出一些"自负"的意味来。

一个对自己射艺狷狂自大、不觉矜夸于言辞的人物形象就这样活生生地浮现在我们面前。

作者欧阳修对人物的细致描摹除了有助于塑造栩栩如生的人物形象之外，还有力地推动着故事情节向前发展，从而构建人物之间的映衬冲突。

比如，由于卖油翁"睨之久而不去"所表露出"淡然视之"的情感态度，招致了"自矜"的陈尧咨的一番怀疑与不屑，所以他劈头就质问卖油翁："汝亦知射乎？"（你也懂射箭吗？）我们可以想见，句中的一个虚词"亦"带着陈尧咨心中多大的怨怼啊！

相应地，由于卖油翁"但微颔之"（这明显对康肃公"十中八九"的射艺评价一般，要知道作者在前文已埋下伏笔——"陈康肃公尧咨善射，当世无双"，且据陈尧咨自述："每以弓矢为乐，坐客罔不叹服。"[①]），又使得陈尧咨连珠炮似的甩出了"吾射不亦精乎"这一句"不要脸"的反问。

接下来，卖油翁的回答总共才6个字：

无他，但手熟尔。

然而，这句话巧妙地在人物对话逻辑方面分别回应了陈尧咨刚才那两句咄咄

---

① 　王辟之 . 渑水燕谈录（卷九）[M]. 北京：中华书局，1981：113.

逼人的质问——"无他"（没有别的奥秘）回应了"汝亦知射乎？"，"但手熟尔"回应了"吾射不亦精乎？"

这6个字的回答言简意赅，活画出一个淡定自若、自信满满的卖油翁的人物形象。

但每一个字都深深刺痛了陈尧咨！

不必说"无他"（没有别的奥秘）这一句是对陈尧咨精湛射艺的直接否定，也不必说"手熟"二字简直是对陈尧咨"善射"的一种羞辱，单是句末一个语气词"尔"（而已、罢了），就能让骄矜的康肃公恼羞成怒、义愤填膺。

尔安敢轻吾射！

显然，陈尧咨已经怒火中烧、不能自已了。句中一个"敢"字揭开了他们之间身份和地位上的差别。"敢"即大胆，康肃公盛气凌人，矛盾冲突走向了高潮。

可是，卖油翁仍是一副波澜不惊的样子，他平心静气地这样应对："以我酌油知之。"当然，此时再靠嘴巴上的较量已经没有多大的意义了，卖油翁得亮出"绝活"，现身说法，方能令陈尧咨折服。

所以，接下来卖油翁的倒油是文章的关键所在，同时也使行文或描写人物的方法富于变化。

原作这样写道：

乃取一葫芦设于地，上置一钱，以杓酌油，沥钱眼中入葫芦，钱不湿。

课文却是：

乃取一葫芦置于地，以钱覆其口，徐以杓酌油沥之，自钱孔入，而钱不湿。

课文将"上置一钱"改为"以钱覆其口"，使钱与葫芦的位置关系交代得更为清楚明白。

课文在"以杓酌油"前添了一个字"徐"（慢慢地），这样不仅放大了酌油的过程与时间感，更能让人去体味卖油翁酌油时的那种悠然与从容。

课文又在"钱不湿"之前多加一个表转折的"而"，其实是要彰显对卖油翁高超倒油技术的夸赞。

我亦无他，惟手熟尔。

倒油的"绝活"使卖油翁拥有了一定的话语权，他不卑不亢，重申自信，再次点明了"手熟"二字。

比对他之前回答陈尧咨"无他，但手熟尔"一句，如今增添了"我亦"二字，显得卖油翁亲切而自谦；"但手熟尔"换成"惟手熟尔"，除了是对人对己的情感态度有所区别之外（对陈尧咨淡然回应、对自己低调谦逊），还有"惟"在这里可译为"只因为"①，再一次强调是"手熟"的缘由。

对照原作与课文的异同，我们看到，人物刻画越是形象鲜明、个性突出，越是能拉开人物冲突的张力，显现出人物对比映衬的效果。

比如对陈尧咨这一人物，主要着力刻画他的思想变化和情感起伏，活灵活现地从"自矜傲然—生气诘责—恼羞成怒—笑而遣之"一连串态度或行为表现出来；而贯穿其中的始终都是卖油翁的坦然淡定、沉稳含蓄的状态，以此构建或形成了颇具趣味的映衬对照。以静对躁，以徐应急，以淡然对傲然，故事给人留下深刻印象的是卖油翁，就主要得力于陈尧咨的映衬，映衬出卖油翁从容沉稳的性情以及他对事物的独到见解——熟能生巧。这样叙写不仅生动有趣、富有变化，而且令人信服、耐人寻味。

由此可见，在确立课文文本价值的时候，不妨考虑将原作与课文的文本进行比较，发现它们之间的差异，从而辨析语言文字运用的优劣，促进思辨思维的发展，目的在于求真、在于趋向合理，使语文课程的核心素养真正地落到实处。

---

① 杨伯峻. 文言虚词 [M]. 北京：中华书局，1965：198.

第五章　比较课文与他作　深掘文本价值

第一节　继往开来，推陈出新

"日月之行""星汉灿烂"何以超越前人

第一个关键词：力

曹操的《观沧海》，只有放到文学史上，才能显现出它的独特意义来。这首诗是中国文学史上一首比较完整的山水诗，而且是一首较早描写海景的山水诗。

明确了这一点，我们自然要先抓住海景来分析。

海上有什么景呢？

> 水、山（旧称岛为海中之山）
> 木、草
> 风、波

海景有哪些特征呢？

> 澹澹、竦峙
> 丛生、丰茂
> 萧瑟、涌起

"澹澹"表现了海水荡漾，"竦峙"形容了海岛高耸。这一动一静，相互映衬。

"树木丛生，百草丰茂"展现了草木繁多茂盛。这一高一低，错落有致。

"萧瑟"描摹秋天海风的飒然，"洪波涌起"写出波涛巨浪奔涌翻腾。这一声一形，声威气势尽显。

不知你有没有发现，这些海景似乎都在表现出一种共同的特征呢？不错，它们都焕发着一种昂然向上、生机勃勃的生命力。

自然景物固然有它自身的属性和特征，但是如果我们能够归纳、总结多种自然景物的共同特征，那么我们就有可能走入作品的内在核心，也有可能与作者的思想情感发生勾连。

果然，由此便产生了一个矛盾冲突：秋天正是万物凋敝、草木荒芜的时节，可是诗人曹操为什么还要将大海描画得如此生意盎然？

分析文本中的矛盾，是文本解读的策略之一。指向语文课程核心素养的课文阅读，更需要在阅读时关注到文本中的矛盾所在，从而引发思辨，通过学习语言文字的运用来带动思考，促进思维能力的发展，这样才有可能理清作品的文脉，或是理解文章蕴含的深意，或是把握作者的情感倾向。

清人张玉穀一语道破："写沧海，正自写也。"[1] 曹操写沧海就是为了表现他自己。

联系一下诗人所处的时代背景，此言不虚。

当时年过半百的曹操已至人生的暮年，但"老骥伏枥，志在千里。烈士暮年，壮心不已"是诗人的自我期许。曹操有一种老当益壮的志士情怀，他不服老。

这是因为东汉末年的社会大动荡与战乱既给百姓带来了深重的灾难，同时也直接威胁到统治者自身的生存，而"结束这种混乱的局面，实现国家的统一，恢复被破坏殆尽的社会生产，已成为历史的迫切要求。曹操正是作为力求实现这一要求的重要人物而登上历史舞台的"。[2]

公元 200 年官渡之战，曹操击溃了北方最大的敌人袁绍。袁绍的残余势力逃到乌桓后，仍不断侵扰中原。在这种形势下，52 岁的曹操于公元 207 年再次远征乌桓，彻底扫清了袁绍的残余势力，基本统一了北方。胜利班师时，他途经碣石，登山观海，写下这首诗，感慨正值枯残衰落的秋季，沧海却仍然充满了蓬勃向上之力，恰似诗人自身的写照。

北征乌桓取胜，曹操踌躇满志，对未来更加充满信心，这意味着不仅统一并且稳定了北方，而且消除了后患，从此可以毫无后顾之忧地南渡长江、统一中国了。

君不见，早在公元 200 年官渡之战后，曹操就已经将目光瞄准了江东孙氏等人，但他权衡利弊，采纳了谋士郭嘉的建议，决定先安顿后方，解除后顾之忧。

---

① 张玉穀. 古诗赏析 [M]. 上海：上海古籍出版社，2000：178.
② 李泽厚. 中国美学史（魏晋南北朝编 上册）[M]. 合肥：安徽文艺出版社，1999：20.

此番出征乌桓，平定北方，便形成了威逼江南的战略态势。于是，曹操欲挟胜利之师，趁秋高马肥之际，以谋取江南，创建一统天下的功业。在这样的形势下，诗人登临碣石"以观沧海"，他的雄心其实早就蓄满了"力"量。果然，短短一年后，曹操再次亲率大军南征刘表、刘备及孙权等人，在赤壁展开了一场大战。

文本解读总是需要知人论世的，我们从诗歌创作背景与相关的史实可以得知，沧海所呈现的郁勃雄浑之力，正合乎当时曹操意气激昂的雄心；沧海所传递的蓬勃生气，恰恰是诗人豪情壮志的完美体现。

在朗读《观沧海》的时候，你难道没有觉得各诗句的最末一字如"澹""峙""茂""瑟""起"读起来语调铿锵、豪气中正吗？它们大多是仄声入韵，而仄声入韵又为诗人踌躇满志、豪迈奔放增添了几分力度与分量。事实上，诵读的过程也是对诗句感受与理解的过程。

顾随先生评曰："曹孟德四言则锤炼气力胜。"

至此，第一个关键词"力"就提炼出来了。

第二个关键词：大

"日月之行，若出其中；星汉灿烂，若出其里"通过"日月"和"星汉"来描写沧海的广袤，顾随先生评价它在古典诗歌领域里前无古人、后无来者。

应当说，以日月来形容地域之广的篇章比比皆是——西汉司马相如《上林赋》"日出东沼，入乎西陂"一句，以太阳的升落夸张地形容上林苑之大；西汉扬雄《羽猎赋》"出入日月，天与地沓（合）"一句，以日月的升落形容打猎场地的范围之广；东汉张衡《西京赋》"日月于是乎出入"一句，同样以日月的出入夸饰长安建筑的恢宏。

那么，曹操的"日月之行，若出其中；星汉灿烂，若出其里"是否超越了前辈文人？

通过与他作的比较，我们看到了曹诗的推陈出新。

曹诗不仅继承了前人的"日月"，而且创造性地添入"星汉"这一意象，将天上的万物——日月星辰都囊括了进来，以凸显沧海之阔大。这样再配上前面对海水、山岛、草木、秋风、洪涛的描写，使诗歌的内容更加丰富，境界更为开阔，而且还照应了秋天，因为秋天的银河会显得特别明亮和开阔。

更重要的是，诗人通过这种奇特浪漫的联想和想象，描摹沧海之辽阔，以展现他自己的志向之远大——意欲一统天下的理想，这就体现出曹诗思想上的高度。相较之下，前辈文人只是在夸描地域或建筑物的大而已。

与他作进行比较，一些概念性的东西就会变得具体可感，难点就比较容易解决。我们由此明白了"日月之行""星汉灿烂"二句的文本价值与意义——从沧海容纳日月星辰的浩大气魄里，表露出诗人要将天下纳入自己掌中的一种宏伟抱负。

就在统一北方后的转年，曹操于 208 年发动南征，分别在荆州、赤壁等地鏖兵；211 年，曹操平定凉州；213 年，又兴兵四十万，亲自南征孙权；215 年，曹操开始对汉中用兵；217 年，曹操再次南征；直到他去世的前一年（219 年），曹操还亲自参加了襄樊会战。

在天下大乱的大争之世，一生戎马倥偬的曹操无论政治地位何等尊崇，也无论年纪已至花甲高龄，他都亲冒矢石，率军征战，以治国平天下为己任，就像诗人自己在《秋胡行》（其二）中所说"不戚年往，忧世不治"。

"日月之行，若出其中；星汉灿烂，若出其里"这十六个字正是诗人借沧海之大抒发了自己平定天下的远大志向。

至此，又引出另一个关键词"大"。

观沧海，见天下

综上，我们基本达成了这样的理解：曹操登山观海，直接描摹了沧海的"力"与"大"这两个特征，表现出诗人的雄心壮志与远大理想。

那么，胸怀一统天下壮志的曹操，登临碣石，难道"观"的就只是"沧海"吗？

我们要谨防对文本的过度阐释，但由于这一"观"字，我们便不得不重新对它加以审视，否则诗歌的标题仅仅"沧海"一词也就够了。

众所周知，碣石历来是望海的名山。秦始皇、汉武帝都到过碣石。秦始皇在碣石派人寻求羡门、高誓两位仙人，汉武帝则于公元前 110 年到碣石祭神求仙。

我们发现，曹操与他们不同，他以"观沧海"一个"观"字，便在思想认识方面与秦皇、汉武拉开了差距。秦皇、汉武到碣石望海是为了祭神访仙求药，祈愿自己长生不老，而"沧海"在曹操眼中却是审美的对象，并不是什么迷信玄虚的神秘所在。

虽然当时曹操基本统一了北方，可天下还远远没有得到安定。西有马腾、张鲁和刘璋，南有刘表、刘备和孙权，群雄割据一方，各地战乱频仍，百姓流离失所，生灵涂炭。曹操在南征北战、东挡西杀，渐渐成为势力最强的诸侯之一的同时，也不断抒发了"白骨露于野，千里无鸡鸣。生民百遗一，念之断人肠"（《蒿里行》）等揭示人民疾苦的诗句，并且多次表达出"天地间，人为贵"（《度关山》）等有着儒家思想意义的政治理想。所以，努力结束当时社会的混乱与灾难，重新建立统一繁荣的国家，是曹操当时的热望与祈盼。

由此看来，曹操不仅仅是"观沧海"，他所"观"的应该还有整个天下吧。

中国文学史将《观沧海》定位为较早出现的一首比较完整的写景诗。对于"比较完整"这一说法，我们不妨这样理解：诗中的景物丰富而全面，而且构建了四组耐人寻味的意象群。

> 水、山（旧称岛为海中之山）
> 木、草
> 风、波
> 日月、星汉

这种对称性的语言建构，应该使我们受到一些启发吧。

"沧海"在曹操的眼中不啻天下——有"水"有"山"，有"木"有"草"，有"风"有"波"，它们几乎比较完整地囊括了世间的万物。不但如此，天下苍生皆有旺盛的生命力：海水浩渺荡漾（"澹澹"），山岛高高耸立（"竦峙"），草木繁密茂盛（"丛生""丰茂"），秋风飒飒，沧海浪涛汹涌澎湃。天行健，芸芸众生，他们的生命是多么有"力"啊！

而"日月"以"行"这一动作、"星汉"以"灿烂"这一鲜明亮丽的形象不仅在表层语义上夸饰了沧海之大，更是在深层的内涵方面指向了天下之大。日月运行，银河璀璨，都像是从浩瀚的大海中发出的，更像是由天下吞吐含盈的。

如此一来，志在剪灭群雄、统一中国的曹操看到浩瀚的沧海，他的眼里怎么会没有天下呢？胸怀大志的曹操，他的雄心勃勃的豪情与抱负受到磅礴沧海的"力"与"大"的激发，必定将沧海视为天下，看到天下苍生的生命"力"与天下之"大"。真可谓"志大而大，沧海天下"。

曹操"观沧海"实质上是在"观天下"。

　　"沧海"象征了诗人理想中的天下，在曹操的眼中，它将不再是"鸡犬亦尽，墟邑无复行人"[①]的败落荒景，而是充满了"澹澹""竦峙""丛生""丰茂""涌起"的勃勃生气的盛世；在曹操的心里，它将不再是割据分裂、混战不休的社会乱象，而是融合成一个能使"日月之行，若出其中；星汉灿烂，若出其里"的广袤无垠的统一的国家。

　　相比秦皇、汉武，曹操的"观"就有了这样一种"吞吐宇宙"[②]的帝王气象，寄寓了他积极用世的苍生之念。

　　总的来说，《观沧海》一诗古直雄健，有激昂之风。诗人曹操气吞江海，睥睨天下，从沧海"力"和"大"这两个特征中折射出他的雄心壮志与远大理想；"沧海"这一形象在心系苍生、志囊四海的诗人看来就是理想的天下，也是诗人昂扬奋发的精神追求和英雄梦。

　　而曹操的诗作也影响了一个时代诗歌的走向——从浪漫夸张转向真实具体，从宫廷帝王转向天下苍生，从集体歌咏转向个人述怀，从而开创了一个时代崭新的诗风：建安风骨。

　　读懂一篇课文，有时需要通过与他作进行比较，以打开思路，发现课文文本的价值与意义。

　　与他作进行比较，实际上就是将课文文本置于一种真实的语言运用情境中。因为从表面上看，比较的对象是文本中的语言文字，但其实从深层意义上还要比较作者的思想情感及作者所处的时代背景。这样，我们才有可能发现课文的独特之处，才有可能感受到静态的文本所透显出来的"活生生"的动感，才有可能理解作者所迸发的生命情怀。比如，我们通过比较曹操的"日月之行""星汉灿烂"二句与前辈文人的篇章，便可发现曹诗的价值与意义。这可以说是指向语文课程核心素养的课文阅读的一个思路，对于我们准确把握祖国语言文字的特点与运用规律、积累个体的语言经验、促进思维能力的发展、提升思维品质不无裨益。

①　陈寿. 三国志（卷十）[M]. 北京：中华书局，1959：310.
②　沈德潜. 古诗源 [M]. 北京：中华书局，1963：104.

第二节　追根溯源，辨析主要特征

追溯《三峡》

"高"是三峡之山的主要特征

"峡"，据《汉语大词典》意为"两山夹水处"。也就是说，"峡"既要有山，也要有水，两山夹水之处才能被称作"峡"。

因此，课文《三峡》自然先引入"山"。

"自三峡七百里中，两岸连山，略无阙处"写山的广度，"重岩叠嶂，隐天蔽日，自非亭午夜分，不见曦月"写山的高度。

然而，三峡之"山"的主要特征还需要我们进一步来辨析。追溯"三峡"的原始资料，是寻找并证明三峡之"山"本质特征的方法之一，也是深度学习的一种表现。指向语文课程核心素养的课文阅读需要我们有一种追根溯源、质疑推理、求真务实的科学精神与行为表现。

早在西晋时期，在《文选·左思〈蜀都赋〉》中学者刘逵就对"三峡"这样注解道：

三峡，巴东永安县，有高山相对，相去可二十丈左右，崖甚高，人谓之峡，江水过其中。

东晋袁山松在《宜都记》里也较早记载了一些关于"三峡"的情况：

巴陵，楚之世有三峡，高山重障，非日中半夜，不见日月，猿鸣至清，诸山谷传其响。泠泠不绝也。①

其中描写三峡之山的文字是："高山重障，非日中半夜，不见日月。"

通过课文与他作的比较，我们发现，这些早期的原始资料始终在强调着三峡之山的"高耸"，并未突出三峡之山的"绵长"。

直到南朝时期，盛弘之的《荆州记》才出现了"两岸连山，略无阙处"的字样。北魏郦道元的《三峡》也因此而沿袭。不可否认，他们丰富了对三峡之山的

---

① 李昉．太平御览［M］．石家庄：河北教育出版社，1994：485.

描写，增添了三峡之山的"绵长"这一特点，但是我们仍须厘清，三峡之山的主要特征所在。

以语文课程核心素养为导向的课文阅读，首先应当尊重文本，以文本所阐发的意义作为出发点，以语言文字的构建与运用作为前提，沉浸文本、体验文本，然后在这一基础上进一步感悟文本、思辨文本。既要学会从文本的字里行间辨析出记叙或描写的主次轻重，也要学会从一些表现手法或修辞手法中体悟到文本的重心所在。

从课文文本里，我们发现，"两岸连山，略无阙处"仅仅交代了一个"连"字；而"重岩叠嶂，隐天蔽日，自非亭午夜分，不见曦月"则反复地突出了群峰的高耸。如果说"隐天蔽日"是一种夸张式叙描的话，那么紧随其后的"自非亭午夜分，不见曦月"则坐实了这种夸张。前文夸张，后文证实，这难道不是一种表达上的强调手法吗？

反过来试想一下，如果山不够高，即使绵延数千里，也无法称之为"峡"。

可见，三峡之山的主要特征应当指向"高"。

唯有两岸高耸入云的山崖相对，方能显现出"峡"的架构与筋骨。

水之"疾"，水之"趣"

课文对"水"的描写占据了相当多的篇幅。"水"赋予了三峡以鲜活和灵动的情态，"水"可谓三峡的血脉。

"夏水襄陵，沿溯阻绝"描写了夏季江水的水势浩大，"或王命急宣，有时朝发白帝，暮到江陵，其间千二百里，虽乘奔御风，不以疾也"则表现了水流急猛。

然而，我们仍然还要去追溯关于"三峡"的原始资料，以辨析并证实三峡之"水"的主要特征。

早在东晋时期，袁山松在《宜都记》里这样记载道："常闻峡中水疾，书记及口传，悉以临惧相戒。"[①]意思是说，（我）经常听闻三峡的水流很快，这可以从书本里记载的以及口头相传中得知，大家都说三峡的江水迅疾得令人恐怖，因此互相提醒并告诫。

我们从课文中也可以看出，"夏水襄陵，沿溯阻绝"只是交代了水势浩大，漫上山陵，导致航道皆被阻断这样一个事实情况；而"或王命急宣，有时朝发白

---

① 　陈桥驿. 水经注校证 [M]. 北京：中华书局，2007：793.

帝，暮到江陵，其间千二百里，虽乘奔御风，不以疾也"则反复地突出了水流疾速。"有时朝发白帝，暮到江陵"，这是对"日行千里"的生动描述，呈现给读者江流之急猛的情状。而"虽乘奔御风，不以疾也"，是以乘骑奔马、驾风飞行作比，更加体现出江水那股迅疾如飞、一泻千里的气势。

由此可见，三峡夏季江水之"疾"是一个非常显著的特点。

或许正是由于三峡水"疾"的缘故吧，以至于大家都心生恐栗，所以当时极少有文章去称颂三峡的山水。①

而东晋的袁山松却较早地为三峡的山水留下了一份唯美："其叠秀峰，奇构异形，固难以辞叙。林木萧森，离离蔚蔚，乃在霞气之表。仰瞩俯映，弥习弥佳，流连信宿，不觉忘返。目所履历，未尝有也。既自欣得此奇观，山水有灵，亦当惊知己于千古矣。"②

袁山松从三个方面描绘了三峡的山水美：山峰秀丽、林木茂盛、江水清澄；而且他还在写景中融入了自己的主观感受，使情景高度融合在一起。

这恐怕是袁山松在古代山水游记中的一桩贡献吧。

因此，世人除了知晓三峡江水的"迅疾凶险"之外，还了解到三峡山水秀美的一面，更领略到这种情景交融的写作手法所营造出来的幽雅氛围与优美境界。南朝盛弘之的《荆州记》和北魏郦道元的《水经注》对此都先后继承下来，他们着重描写了春冬之时的江水，并融情于景。

所以，春冬时节的江水，可以用文中"良多趣味"的"趣"字来形容。"趣"不仅高度总括了春冬时节三峡江水的特点，更蕴含着作者的心理感受与审美情趣。

你看，"素湍绿潭"中的"素""绿"点染出江水的色彩，因为后文的一个"趣"字，也透出了作者感情上的色彩。

"回清倒影"中的"清"揭示了江水的澄澈，也因为后文的一个"趣"字，而显得逼真可信。

"悬泉飞瀑，飞漱其间"中的两处"飞"，展现了江水的动态，也因为后文的一个"趣"字，更显得活泼可感。

情景的融合既使景物更加形象生动，富有感情色彩，又让作者抒发的情感有所寄寓，不至于泛泛空谈、无从着落。

浪白、潭绿、水清、瀑飞，"绝巘"上的"怪柏"，高山远树，营造出优美

---

① 　笔者译自陈桥驿《水经注校证》（中华书局 2007 年版）卷 34《江水》第 793 页文句"常闻峡中水疾，书记及口传，悉以临惧相戒，曾无称有山水之美也。及余来践跻此境，既至欣然，始信耳闻之不如亲见矣"。

② 　陈桥驿. 水经注校证 [M]. 北京：中华书局，2007：793.

雅致的意境，再以"清荣峻茂，良多趣味"的"趣"作为情感上的加持，这种情景交融的表现手法使得春冬时节的三峡江水极具魅力，富有诗情画意。

如果说，水是三峡的血脉，那么夏季的江水则涌现出一种令人血脉偾张的"疾"，而春冬的江水呈现出的灵动与飞扬，可以让人品味出无限的"趣"来。

"声"是三峡之气息

三峡之所以生机蓬勃，其原因不仅有骨有血，还要有"声"——那种能够展现三峡独特气息的"声气"。

课文的最后一段就在描写三峡之"声"：猿声。

直接描写"猿声"的句子是："常有高猿长啸，属引凄异，空谷传响，哀转久绝。"

我们不难发现，句中的"属引"与"久绝"相呼应，"凄异"与"哀转"相呼应，也就是说，直接描写"猿声"的语句不仅揭示了猿声凄厉、长久的特点，而且还利用三峡空谷传音的功用，反复地强调了猿声的悲凉和不绝于耳，从而显示出三峡那份独特的"声气"。

以语文课程核心素养为导向的课文阅读，有时需要关注文本中反复强调的语义，体味反复用语的意图与妙处，而且需要动态地关注语义的反复，也就是说，不能仅仅知道是语义上的反复，还要结合具体的语言环境看看这些构成语义反复的语句是以怎样的语言形式呈现出来并进行表情达意的。这样的话，我们对语言的学习就不再是机械的、呆板的、欠缺语境支持的，而是灵活的、变通的、适切于真实语境的。

为了表现三峡的"猿声"，课文中还有一处环境描写不可忽略——"每至晴初霜旦，林寒涧肃"。

这里的环境描写不仅与后文"常有高猿长啸，属引凄异，空谷传响，哀转久绝"在结构上紧密相承，更在内容上有着不可分割的勾连——句中的"每"与后文"常有高猿长啸，属引凄异，空谷传响，哀转久绝"中的"常"形成了语义上的相关。

"晴初"指雨后刚刚放晴，"霜旦"即冬晨[1]。"晴初霜旦"共同指向了"清

---

[1] 课文注释将"霜旦"解释为"下霜的早晨"，然据《汉语大词典》，"霜旦"意为"冬晨"，所举例句即此句。且下霜的早晨未必是冬晨，而冬晨又未必下霜，两者语义不对等。另长江流域初霜期一般是10月中旬至11月中下旬，三峡地区位于四川盆地东侧，初霜要比周边晚1到2个月。据中国地质大学（武汉）地理系主任王伦澈教授与中科院合作项目的原始观测数据可知：宜昌站点的初霜日一般在11月中下旬，奉节、巴东站点的初霜日一般在12月中下旬（笔者有幸获赠备份数据）。11月中下旬已基本立冬（立冬日一般在11月7到8日之间），可见三峡地区的初霜日一般发生在冬季。

冷阴寒"的时节，"林寒涧肃"则呈现秋冬林木凋零、涧水枯落的景色。

可见，这里的环境描写极大地渲染出"高猿长啸"的凄清氛围，有力烘衬了猿声的"哀转"与"久绝"。

为了表现三峡的"猿声"，课文末尾还引用了一首渔歌："故渔者歌曰：'巴东三峡巫峡长，猿鸣三声泪沾裳。'"

其中一个"故"字表明了这首渔歌是承接上文的"高猿长啸"而写的，它指向三峡猿声凄厉哀婉、山谷回声连绵不绝所导致的结果，这个结果就是渔歌的内容："巴东三峡巫峡长，猿鸣三声泪沾裳。"

显然，如果从地理的角度去探究，那么巴东三峡中最长的是西陵峡，而不是巫峡，这就出现了与事实的矛盾，但正是由于这种矛盾，才使我们懂得渔歌民谣自古以来就是一种强烈的抒情文体，它未必讲究写实，甚至以故意不写实的方式来增强民谣自身的表现力。"巴东三峡巫峡长，猿鸣三声泪沾裳"就构建了这样一种与事实相悖的说法，以表现人心理上的错觉，来突出猿声之凄哀婉转、萦绕不去所达成的那种效果。猿之悲鸣，空谷回荡，令人伤感而潸然，感觉幽深奇险的巫峡都变长了。

品析词句是需要联系语言环境的。离开了语境，孤立地分析词句，常常会不得要领、有失精准。指向语文课程核心素养的课文阅读，需要动态地体验或感受语言的运用，即解读词句的语境义，这样才能准确而合理地理解课文内容。

由此可见，展现三峡独特气息的"声"是猿声。课文最后一段基本围绕着它展开。无论是前面的环境描写，还是后面的歌谣，均是为了铺垫或烘托三峡的"高猿长啸"，以显现出三峡那份独有的"声气"：凄清高冷和长久不绝的猿声。

综上所述，课文《三峡》以浪漫主义文学手法分别描绘了三峡的"山""水"和"声"："山"是峡之骨，不仅因为它的绵长，更是因为它的耸峙；"水"为峡之血，既有"迅疾凶险"的一面，也有"秀美"形成的"雅趣"；"声"乃峡之气，悲怆、悠长的猿声为三峡注入了一股凄清高冷的气息，使人满耳萧瑟而黯然销魂。

中华文化源远流长，大量的古籍文献在历史长河中不断地嬗变着，具有先后的承继性与创新性。所以，指向语文课程核心素养的课文阅读，有时候需要在这些文本之间进行比较阅读，从它们继往开来的演绎中，我们不仅要看到它们推陈出新的一面，而且也要学会追溯它们的根源所在，这样或许才能准确地找到它们的本质特征，有效地把握文本的原生价值，使我们对课文的阅读理解趋于真实与合理，而不至于失之偏颇。

第三节　不同关联词，关联不同情感

"艰苦"与"快乐"

——解读《美丽的颜色》

无法回避的两个关键词："艰苦"和"快乐"

居里夫妇一家四口人，总共荣获了四次诺贝尔奖，换句话说，居里夫妇全家平均每人获得了一次诺贝尔奖。而居里夫人一人就荣获了两次：物理学奖和化学奖，她是第一个两次荣获诺贝尔奖的人。居里夫人是一位伟大的科学家。

艾芙·居里是居里夫人的次女，是一位传记作家，她撰写了一部《居里夫人传》，为自己的母亲立传，更为居里夫人这位伟大的科学家立传。

课文《美丽的颜色》就出自艾芙·居里的《居里夫人传》，记叙了居里夫妇在简陋、残破的旧棚屋里用四年时间提取镭的经过。当然，主要记叙了居里夫人在艰苦恶劣的环境中进行科研工作的情况。

课文用大量的笔墨描述着残破的旧棚屋、简陋的条件、艰难的工作环境，以及居里夫人乐此不疲的科研活动。

由此可知，解读这篇课文，无法回避两个关键词："艰苦（条件）"和"快乐（科研）"。"艰苦"是指客观存在的恶劣环境，而"快乐"则是居里夫人进行科研时的主观感受。

值得注意的是，作者艾芙·居里也在文中多次引用了居里夫人自己的话来介绍这种艰苦的工作环境与快乐的科研生活。这些话基本出自《居里夫人自传》。

作者引用居里夫人的原话，一方面补充了历史细节，增强了文章记事的真实性与可信度；另一方面直接表现了居里夫人的内心世界和心理感受，使文章具有强烈的感染力。

这是本篇课文的一大特色。

既然是特色，那么我们就不能轻易地绕开它，需要好好研究一番。

"艰苦"和"快乐"之间有不同的逻辑关联

做任何事都会遇到"艰苦"与产生"快乐"，关键在于如何看待或处理这二者之间的关系。所以，在课文中，无论是居里夫人，还是为居里夫人立传的艾芙·居里，她们都在围绕着"艰苦（条件）"和"快乐（科研）"这二者之间的关系展开各自的阐释，这些阐释在相当程度上折射出她们各自的思想感情、价值取向以及人生观念。

那么，课文作者艾芙·居里所表述的"艰苦""快乐"的关系，与居里夫人原话所表述的"艰苦""快乐"的关系，在内涵上是否一致呢？如果不一致，又在哪些地方存在着不同？

这就需要我们将作者艾芙·居里的叙述与居里夫人的原话进行比对、辨析，走向深度阅读，从而厘清课文作者的情感倾向与居里夫人内心世界的差异，并进一步归纳产生这种差异的原因。

我们先来看课文作者艾芙·居里的表述：

这种艰苦而且微妙的快乐，两次都挑选了最简陋的布景。

而居里夫人的表述则是：

（我们异常繁重的工作，都是在如此恶劣的条件下进行的）[1]，然而我们生活中最美好而且最快乐的几年，还是在这个简陋的旧棚屋中度过的。

或是：

虽然我们的工作条件带给我们许多困难，但是我们仍然觉得很快乐。

从文字表面看，艾芙·居里和居里夫人都在叙描着艰苦的工作环境，也都在表现着居里夫人充满快乐的科研生活。但课文作者艾芙·居里与居里夫人在描述或处理"艰苦（条件）"和"快乐（科研）"这二者之间关系上有着各自不同的侧重。

比较课文作者的叙述与居里夫人的原话，我们会看出，居里夫人在描述或处理"艰苦（条件）"和"快乐（科研）"这二者的关系上，使用了"然而""但是"等表示转折关系的连词，有力地将那些不舒服的、不尽人意的、艰难恶劣的

---

[1] 玛丽·居里. 居里夫人自传 [M]. 北京：中央编译出版社，2003：70.（此句在课文中以省略号替代）

条件或环境淡化消解，转而指向与"艰苦"截然相反的也是居里夫人真正要追求的东西——"我们生活中最美好而且最快乐的几年，还是在这个简陋的旧棚屋中度过的"或"我们仍然觉得很快乐"。换句话说，任何艰难困苦对于居里夫人来说，都不值一提，她认为科研生活很快乐。

同样在她的自传——《居里夫人自传》里，也有大量类似的表述："这种生活在一些人看来也许过于艰苦，但我仍然自得其乐，整日愉快地沉浸在学习之中。"[1]或是"有时我们干了很久而不能得到满意的结果，失望的情绪也会笼罩我们，不过这种情景不会持续很久，不多时就会被新的设想和工作替代。"[2]

"艰苦（条件）"与"快乐（科研）"二者之间的逻辑，几乎都被居里夫人处理成了转折关系。

而站在课文作者艾芙·居里的角度，情况就有所不同了。

艾芙·居里作为居里夫人的次女，为自己的母亲立传，在表述"艰苦"与"快乐"这层关系上，与居里夫人的处理方式就不太一样。

艾芙·居里在课文中这样表述：

这种艰苦而且微妙的快乐，两次都挑选了最简陋的布景。

我们从中可以发现，课文作者使用了"而且"这一表示递进的连词，将"艰苦"与"快乐"关联了起来，这样不仅写出居里夫人工作时艰苦的条件或环境，更强调了居里夫人"快乐"的科研生活。

艾芙·居里并没有像她母亲居里夫人那样是通过"然而""但是"之类的转折连词来消解淡化"艰苦"，而是使用了"而且"这一表示递进关系的连词，将"艰苦"的一面也保留并且很好地呈现了出来。

比如简陋的棚屋漏雨了，作者艾芙·居里在课文中就展开了详细的描述："若是下雨，雨水就以一种令人厌烦的轻柔声音，一滴一滴地落在地上，落在工作台上，落在这两个物理学家标上记号永远不放仪器的地方。"显然，课文作者通过排比的修辞手法，强调了漏雨给居里夫妇的科研造成了诸多麻烦。可是如果换作居里夫人，她则平铺直叙地写道："下雨时就会漏雨。"[3]

又如冬天几乎无法取暖的问题，我们可以从文中读到作者艾芙·居里那极富幽默感的表达："那个炉子即使把它烧到炽热的程度，也令人完全失望。走到差

---

[1]　玛丽·居里. 居里夫人自传 [M]. 北京：中央编译出版社，2003：24.
[2]　玛丽·居里. 居里夫人自传 [M]. 北京：中央编译出版社，2003：71.
[3]　玛丽·居里. 居里夫人自传 [M]. 北京：中央编译出版社，2003：70.

不多可以碰着它的地方，才能感受一点儿暖气，可是离开一步，立刻就回到寒带去了。"可是如果换作居里夫人，她会交代得非常平淡："冬天虽可以生火取暖，但也只有火炉靠近时才会感觉有稍许暖气。"①

还有在院子里做实验遇到麻烦，课文作者艾芙·居里把这一过程刻画得十分详尽生动，而且充满了诙谐与风趣："每逢骤雨猝至，这两位物理学家就匆忙把设备搬进棚屋，大开着门窗让空气流通，以便继续工作，而不至于因烟窒息。这种极特殊的治疗结核症的方法，玛丽多半没有对佛提埃大夫吹嘘过！"可是如果换作居里夫人，她只是简简单单地这样叙述着："在化学实验过程中，常常会产生刺激性很强的毒气，我们只好把这类工作移到门外院子里做。"②

指向语文课程核心素养的课文阅读，需要我们学会发现文本内容中的语言问题。比如在解读本文时，可以透过不同关联词的言语表述所构建的逻辑关系来比较、辨析其中不同的内涵意义，以此带动思辨思维，去推断不同人物（或不同作者）的情感态度或价值取向。因为语言与思维密不可分，相互依存，相辅相成，这是语文课程的核心素养所着重强调的。

为什么"艰苦"和"快乐"之间会有如此不同的逻辑关联

比对课文作者艾芙·居里的叙描与居里夫人在自传里的原话，我们会强烈地感受到居里夫人对于艰苦的工作环境永远都是那么的"轻描淡写"，更会强烈地感受到居里夫人对科学研究那种不可阻挡、奋不顾身的热情与乐观态度，而那些所谓的"艰苦"，几乎完全不足为虑，几乎完全没有让她放在心上。

为什么居里夫人对"艰苦"如此不屑一顾呢？

这是因为居里夫人作为一名致力科学研究的学者，对真理的探索执着而勤勉，完全达到了一种忘我的"入迷"程度，正像文中引用居里夫人的话那样："我们在一种独特的专心景况中过日子，像是在梦里一样。"

所以，艰难困苦虽然客观存在，但在居里夫人看来，她丝毫没有把它们放在眼里，她平心专注的是"实验的进行""所迷恋的镭"与"目前和将来的工作"。

这是一种追求真理、追寻梦想的快乐。

---

① 玛丽·居里. 居里夫人自传 [M]. 北京：中央编译出版社，2003：70.
② 玛丽·居里. 居里夫人自传 [M]. 北京：中央编译出版社，2003：70.

居里夫人对艰苦恶劣的环境轻描淡写，通过一些转折连词弱化消解那些艰难困苦，转而指向科研经历"快乐"的一面，其实质表现了她不畏困难的精神品质以及对科学研究抱有极大的热情与乐观的态度。

因此，我们就不难理解，在课文结尾部分，居里夫人看着自己提炼的纯镭盐，就好比在床头看着熟睡小女一样——"玛丽身体前倾，热切地望着，她此时的姿势，就像一小时前在她睡着了的孩子床头看着孩子一样。"

事实上，居里夫人在旧棚屋工作的四年，正是"为了要把钋和镭指给不相信的人看，为了要向世界证实他们的'孩子'的存在"[①]。居里夫人早已将镭视若己出。把镭提炼出来，展示给世人，犹如生养孩子一般，那么，所有的艰难困苦都将微不足道，或者说所有的艰难困苦都终将转向那快乐的一面。

所以，我们阅读文章，就是要从居里夫人使用"然而""但是"这些小小的转折连词来感受这位伟大的科学家那种不畏艰难、孜孜以求、献身科学的科研精神与人生追求，以此来明确我们自身的人生价值取向，以及思考在当今这个时代，应当去追慕哪些"明星"这类问题。

而艾芙·居里作为一名旁观者，为母亲也是为一位伟大的科学家立传，她需要忠实地记录和叙述事实，客观地呈现艰苦的科研环境，以反衬居里夫人这位伟大科学家坚定的科学追求与坚韧不拔的意志。

应当说，居里夫人工作环境的艰苦超出了常人的想象，更是超过了一般人能够忍受的限度，以至于艾芙·居里在文中这样表达对母亲的敬意与自己的辛酸——"玛丽在院子里穿着满是尘污和酸渍的旧工作服，头发被风吹得飘起来，周围的烟刺激着眼睛和咽喉。她独自一个人就是一家工厂。"

所以，课文作者艾芙·居里将"艰苦""快乐"这二者描述或处理为递进关系，其原因在于越是生动形象地再现居里夫人艰苦的工作环境，就越能体现出她醉心科研时那种坚韧顽强的意志精神；越是具体入微地刻画居里夫人艰苦的科研条件，也就越能让我们感受到居里夫人在追求真理、追寻梦想时所生发出来的愉悦的可贵。

不同的作者自然会站在不同的角度或立场进行阐述，尽管他们叙述的内容基本一致。这就需要我们细读文本，从字里行间、遣词造句等语言形式中发现一些细微的差别，因为有时候这些微小的差别会传递出他们各自不同的情感态度。

----

① 艾芙·居里. 居里夫人传 [M]. 北京：商务印书馆，1984：165.

在《美丽的颜色》一文中，既有作者艾芙·居里的话，也有居里夫人自己的表述，我们可以对这两种不同的文本材料进行比较阅读，从她们使用了不同关联词这一差别中发现两位作者各自的思想倾向和情感态度，并厘清其中的成因。这就是一种通过语言的建构与运用的学习带动思维能力的发展，提升思维品质的语文学习经历，是指向语文课程核心素养的课文阅读的一种思路或方向。

第六章　回归作品原意　理性开辟思路

第一节　尊重创作意图

志当存高远

——解读《愚公移山》

《愚公移山》一文的原意在于打破世人急功近利的眼光。

为什么会这样说呢？

因为翻检文献资料，我们发现，《愚公移山》出自战国时期列御寇的《列子·汤问》一书，而《列子·汤问》一书将"愚公移山"与"夸父逐日影"这两则故事进行了对比。这样一来，我们通过两则故事的对比，可以推知"愚公移山"的原意或写作意图。

比较下来，文章是在说夸父"特能以求胜，则步影而不及"①，意思是说，夸父的失败在于过分"特能"，而且"求胜"心切，最终导致"不量力"②，夸父"道渴而死"③。

而愚公虽然年老体衰，但并非自不量力。他清醒地认识到自己在个人能力上不占任何优势。愚公"年且九十"，确实可以说是"残年余力"了，而且他仅率子孙"荷担者三夫""叩石垦壤"，运送土石更是靠"箕畚运于渤海之尾"，一年时间才往返一次。如此移山，效率可真是低到了极点。

---

① 列御寇.列子 [M].上海：上海古籍出版社，2014：143.
② 列御寇.列子 [M].上海：上海古籍出版社，2014：142.
③ 列御寇.列子 [M].上海：上海古籍出版社，2014：142.

　　但愚公的可贵之处在于他没有丝毫顾虑自己的人单势薄与移山的旷日持久，而是"以天地为一朝，亿代为瞬息，忘怀以造事，无心而为功"①。

　　可见，愚公一心一意只想着"移山"，更重要的是他考虑得十分长远——"虽我之死，有子存焉。子又生孙，孙又生子；子又有子，子又有孙；子子孙孙无穷匮也，而山不加增，何苦而不平？"这是他比夸父厉害的地方。

　　所以，通过《列子·汤问》一书中"愚公移山"与"夸父逐日影"这两则故事的对比，我们可以看出，"愚公移山"的原意或写作意图在于打破世人急功近利的眼光，体现出愚公志向的长远。

　　后人对《列子·汤问》中"愚公移山"的注解或评语，也基本遵循了作品这一原意。

　　比如，晋人张湛对"愚公"这一人物的评价很高，称之为"大人"②。而据《汉语大词典》，"大人"在这里可以理解为"志趣高远之人"。唐人丘鸿渐在《愚公移山赋》中也这样盛赞道："愚公之远大，未可测已。"③

　　可见，指向语文课程核心素养的课文阅读，要适当尊重课文的创作意图或写作目的。因为，文章的创作意图有时会直接决定或影响文章的中心主旨、内容组织或遣词造句等方面，它在一定程度上可以成为我们文本解读的重要参考依据。

　　你看，愚公考虑到"移山"的长期性和艰巨性，便召集全家人商议，提出了"吾与汝毕力平险"的大政方针。其中"吾与汝"就是"我与你们大家"的意思，这样一来，"移山"不只是愚公一人之事，还要包括他的家人甚至整个家族世代人的努力；"毕力"即用尽全部力量。毫不夸张地讲，"移山"这件事成了愚公全家世代人的毕生事业。

　　一个人如果眼光长远，就会产生远大的志向。

　　愚公移山的目的在于"指通豫南，达于汉阴"。如果我们查看地图，便会发现这样一种情况：太行、王屋二山，本在冀州之南，河阳之北，愚公的移山工程是要打通从"冀州之南"（大致包括今河南黄河以北、山西南部地区）一直到"豫南"（今河南南部）的道路，而且抵达汉水南岸（今湖北境内），实现"冀之南，汉之阴，无陇断焉"的理想。这样看来，愚公的"移山"之志不可谓不长远。

　　结果呢？"杂然相许"，全家人纷纷表示赞同。这样看似一种极其不靠谱的想法或计划，竟然能立刻赢得全家人的响应，甚至连后来一个七八岁的邻家孩童也在行动上给予了支持，这说明"愚公"不能算"愚"。况且"愚公"还不是一

---

① 列御寇. 列子 [M]. 上海：上海古籍出版社，2014：142.
② 列御寇. 列子 [M]. 上海：上海古籍出版社，2014：142.
③ 董诰，阮元，徐松，等. 全唐文 [M]. 北京：中华书局，1983：6271.

个人"愚"，而是全家人都跟着他一起"愚"——他们都赞成"移山"，他们认同这种长远的规划，而且做好了长期奋斗的思想准备。

所以，愚公根本不是一个人在战斗。

归纳一下《愚公移山》的主要内容，我们可以看出，课文着重构建了两次矛盾冲突，这两次矛盾冲突都是在论证愚公移山是否可行：一次是愚公妻子质疑移山的可行性，另一次是河曲智叟质疑移山的可行性，而这两次矛盾冲突其实都是为了突出愚公的长远之志。

我们先来看看愚公的妻子向愚公的"献疑"，她提出了两个问题：

以君之力，曾不能损魁父之丘，如太行、王屋何？且焉置土石？

你看，愚公妻子称愚公为"君"，提出疑问是"献疑"，"献"有一种恭敬庄重的意味。那么，从"君""献"这两个字可以推知，愚公的妻子是在为丈夫"年且九十"的高龄与体力而忧心忡忡：凭您如此微薄的力量，我看连魁父这样的小山丘都挖不动，又怎么能移动太行、王屋（那样大的）山呢？况且把土石放置到哪里去呢？

其实，对于愚公妻子的第一个问题是没有必要回复的。因为愚公是"聚室而谋"，既然全家人刚才已经一致同意了愚公的提议——"杂然相许"，那就说明全家人甚至整个家族的后世子孙都要为"移山"出力，不单单只靠年老力衰的愚公一人，自然也包括了愚公的妻子。

由此可知，愚公妻子的"献疑"是她在赞成移山的前提下，对愚公个人移山的可行性提出疑问，这主要是出于自己对丈夫个人方面的关心。

所以，全家人都把注意力集中在她提出的第二个问题上——"且焉置土石？"。其中的"且"意为"况且"，表示递进，可见愚公妻子自己也着重强调了第二个问题。对此，大家异口同声地说道："投诸渤海之尾，隐土之北。"

不妨再查看一下地图，我们便可以清楚地看到，从"冀州之南，河阳之北"到"渤海之尾"的距离是非常遥远的，后文"寒暑易节，始一反焉"一句能够印证这一点；而"隐土"这个地方更是地处偏远的东北方向，是中国"古九州"之一薄州的别称。然而，从众人这番异口同声的回答中，我们可以得知，全家人跟愚公一样，都看得很长远，他们对"移山"的长期性和艰巨性已然达成了共识，根本不会在意或计较路途的远近。这让愚公在下文反驳智叟时充满了十足的底气，所以有"虽我之死，有子存焉"一说。

由此可见，课文所构建的第一次矛盾冲突——愚公妻子的"献疑"与众人对她的"释疑"，其目的是显示愚公志向的长远。

再看河曲智叟对待愚公移山的态度：

河曲智叟笑而止之曰："甚矣，汝之不惠！以残年余力，曾不能毁山之一毛，其如土石何？"

尽管河曲智叟的话在句式结构上与愚公妻子的话有着相似之处，但他们二人所表达的情感态度是截然不同的。

愚公妻子对愚公移山的可行性提出疑问，其实质是她在赞成移山前提下的一种提醒；而河曲智叟则不同，他认为愚公移山愚不可及，通过"笑而止之"的"笑"（"讥笑"）和"止"（"阻止"）这两个动作，明确表示反对愚公移山。

从人物的语言方面，河曲智叟一开口便感叹道："甚矣，汝之不惠！"这是以倒装句的形式来强调愚公愚蠢至极。

然后，河曲智叟又形容愚公"残年余力"，相比愚公妻子的"以君之力"这一句，就明显看出了他对愚公的轻蔑与嘲讽的态度。

更有甚者，河曲智叟以愚公不能"毁山之一毛"，来讥讽愚公连"土石"都奈何不了。如果细心一点，我们更能注意到，河曲智叟使用了"一毛""土石"这样的搭配，这相比愚公妻子使用的"魁父""太行、王屋"这样的搭配，可充分反映出河曲智叟对愚公的极端贬抑与夸小。

指向语文课程核心素养的课文阅读，需要通过语言的建构与运用来带动思维的提升与发展。"一毛""土石"是多么的轻微渺小啊！可智叟竟然使用了这样的语言来形容愚公移山的不可行，足见他不像愚公妻子那样实事求是、实话实说，而是对愚公抱着一种极大的嘲讽与鄙弃的态度。

此外，"其如土石何？"一句的"其"又加重强调了他对愚公的反诘与讥笑的语气。

总而言之，河曲智叟明确反对愚公移山，而且充满了嘲弄和责难。

我们再来看看愚公对智叟的反驳。

愚公长叹一口气，说出了"子子孙孙无穷匮也，而山不加增"的"长远"之志。愚公"长息"的原因就在于河曲智叟怀着急功近利的思想，只关注眼前的利益，仅仅看到愚公一个人的力量就做出了如此的判断。

晋人张湛对河曲智叟的评价是"俗士之近心，一世之常情"[1]，也就是说，河曲智叟像很多普通人一样，希望做事能够毕其功于一役，都想着急于求成。"期功于旦夕者，闻岁暮而致叹"[2]，这句话就是河曲智叟最好的思想写照，也是他"心

---

[1]　列御寇. 列子 [M]. 上海：上海古籍出版社，2014：142.
[2]　列御寇. 列子 [M]. 上海：上海古籍出版社，2014：142.

之固，固不可彻"的地方。因而，他眼光短浅，识见片面，看不见愚公后世子孙的力量。

而且，在"愚公移山"的过程中，还出现了其他人家的支持。比如邻家七八岁的"遗男""跳往助之"。愚公不再只是凭靠自家子孙，而是还有一些街坊邻居力量的加入，这又从"移山"的实践行动上进一步增强了他反驳河曲智叟的底气，所以，他会如此评价智叟："曾不若孀妻弱子。"

晋人张湛在评注《愚公移山》时，对世俗的短视与浅见进行了这样猛烈的抨击："世咸知积小可以高大，而不悟损多可以至少。……若以大小迟速为惑者，未能推类也。"①

由此可见，课文所构建的第二次矛盾冲突——智叟反对愚公移山以及愚公对智叟的驳斥，目的也是突出愚公志向的长远。

只要有长远的打算，眼前的力量再微弱，也是不容小觑的。最终，河曲智叟理屈词穷——"亡以应"，张湛为此评说："屈其理而服其志也"②，在笔者看来，句中的"志"即"长远"之志。

也正是由于这种微弱而长远的力量使"操蛇之神"产生了惧怕，并且赢得了天帝的感动与协助，"帝感其诚"的"诚"即指愚公"移山"之志的执着与久长。

可见，力量不在于微弱与否，而在于它的"不已"——因为长远，微弱的力量最终也会变得强大有力，正所谓"必其不已，则山会平矣"③。

因此，《愚公移山》这则寓言主要告诉我们要像愚公等人一样放远眼光，树立长久之"志"，而不能像智叟那样的世俗之人一样急于事功，只根据眼前的利益得失而做出判断。

所以，我们阅读这篇课文，就是要学习愚公等人胸怀远大的理想，静下心来一心一意地谋求发展，不要看重一时的功利。"志当存高远"，这是一个人走向成功的先决条件。

指向语文课程核心素养的课文阅读，可以考虑以原作的创作意图作为阅读课文的出发点，这样我们在看待文本语言的构建或文本语言阐发的意义时，就会有着比较准确而合理的依凭，而不至于过度解读或是解读不到位。

---

① 列御寇. 列子 [M]. 上海：上海古籍出版社，2014：141-142.
② 列御寇. 列子 [M]. 上海：上海古籍出版社，2014：141.
③ 列御寇. 列子 [M]. 上海：上海古籍出版社，2014：141.

第二节　从文句的来源推理

晏殊《浣溪沙》的"根本"所在

"去年天气旧亭台"一句的由来

晏殊是北宋前期的词坛领袖，是宋词发展的开路人之一。《浣溪沙·一曲新词酒一杯》不仅是他的代表作，更是宋词发展史上脍炙人口、家喻户晓的名作之一。

浣溪沙

晏殊

一曲新词酒一杯，去年天气旧亭台。夕阳西下几时回？

无可奈何花落去，似曾相识燕归来。小园香径独徘徊。

可是，如果我们读过唐朝诗人郑谷《和知己秋日伤怀》的诗，便会发现，晏词上片中"去年天气旧亭台"一句与唐朝诗人郑谷《和知己秋日伤怀》诗中的"去年天气旧亭台"一模一样。

郑诗如下：

和知己秋日伤怀

郑谷

流水歌声共不回，去年天气旧亭台。

梁尘寂寞燕归去，黄蜀葵花一朵开。

那么，晏词中的"去年天气旧亭台"与郑诗中的"去年天气旧亭台"所表达的思想感情一致吗？

《唐诗鉴赏大全集》这样认为："这两首作品各尽其妙，但它们之间的承接关系是很明显的。"[①]

我们再深入分析一下两首诗词的内容。

唐代郑谷的《和知己秋日伤怀》是一篇感时抒怀之作，表现了诗人对时光流逝的伤感与惋惜。与其他晚唐诗歌一样，这首诗充满了哀伤、悲叹的意韵。而宋

---

① 《唐诗鉴赏大全集》编委会. 唐诗鉴赏大全集 [M]. 北京：中国华侨出版社，2010：439.

代晏殊《浣溪沙》的上片内容也蕴含着浓浓的伤春惜时的思想情感。

可见，两首诗词的内容主旨基本一致。因为它们都各自指向了一个字："回"。

郑诗"流水歌声共不回"的"回"表达了作者对美好过往的追念，晏词"夕阳西下几时回"的"回"也传递出作者对美好过往的追念。

美好的过往体现在哪里呢？都各自体现在"去年天气旧亭台"这一句中，时间、地点、气候交代得清清楚楚。

在郑谷与晏殊的作品里，我们可以看出，他们都在围绕着"怀旧"大作文章。显然，在两位诗词作者的眼中，"旧"比"新"好。

因为"旧"盛满了情意。

当"一曲新词酒一杯"之时，相同或相似的遭际必然触发词人晏殊的怀旧之念，引起作者强烈的新旧对比。

可见，北宋词人晏殊不仅援用了郑诗中的"去年天气旧亭台"一句，还将郑诗"伤怀"的基调也征引了过来。

这便可以说是找到了晏词"去年天气旧亭台"一句的源头。

寻找文句的来源，再从文句原意的基础上推理、判断文句的原意是否适合于新的语言环境，是否满足于课文作者表情达意的内在需求，这是指向语文课程核心素养的课文阅读的思路之一，它可以帮助我们以文句所承继的思想情感作为出发点，适当地回归文句的原意，从而准确而合理地解读文本。

由此，词人晏殊以"夕阳西下几时回？"一句作为词上片的收束，他的这一发问"一下子写出了（人生的）无常，这真是有力量"[1]。其中那一个"回"字所形成的人生追问彰显出词人情感上的呐喊与诉求。

我们且看晏殊所处的时代。当时正是北宋初期上升之际的承平期，晏殊本人年少得志，一生官运亨通，仕途顺达。身为"太平宰相"的他，于政事之余极其喜欢交游唱和，主办诗酒之会，"日以赋诗饮酒为乐，佳诗胜日，未尝辄废也"[2]，由此可知，晏殊几乎每天都过着宴饮唱和的优裕闲适的生活。南宋叶梦得《避暑录话》中也这样记载道："（晏殊）惟喜宾客，未尝一日不燕饮，……亦必以歌乐相佐，谈笑杂出。……前辈风流，未之有比也。"[3] 晏殊也曾对友人张先这样宣称自己的人生观："人生行乐耳。"[4]

---

① 叶嘉莹. 唐宋词十七讲 [M]. 石家庄：河北教育出版社，2000：154.
② 叶梦得（撰），樊运宽（述）.《石林诗话》选释 [M]. 桂林：广西师范大学出版社，1995：4.
③ 上海古籍出版社编委会. 宋元笔记小说大观（全六册）[M]. 上海：上海古籍出版社，2007：2615.
④ 上海古籍出版社编委会. 宋元笔记小说大观（全六册）[M]. 上海：上海古籍出版社，2007：2935.

所以，在晏殊的词集《珠玉词》中，不免频频出现了一些对逝去的美好过往表达追忆或感念的小词。《浣溪沙·一曲新词酒一杯》的上片内容即比较明显的一例。

晏词上片的内容告诉我们，"一曲新词酒一杯"之后，词人自然追忆起"去年天气旧亭台"那番曾经有过的美好经历，从而生发出"夕阳西下几时回"的喟叹与追问。

因此，如果将词的上片看作晏殊抒发出对人生意义的终极追问——"夕阳西下几时回"的话，那么词的下片则是对上片这一追问的回答。

"无可奈何"二句的原意

真是无巧不成书，晏词下片中"无可奈何花落去，似曾相识燕归来"二句和晏殊的诗《示张寺丞王校勘》中的"无可奈何花落去，似曾相识燕归来"也完全一致。

宋仁宗天圣七年（1029），晏殊因上疏言事，罢枢密副使，出任为应天府南京（商丘）留守，《示张寺丞王校勘》即写于此时。

诗歌如下：

示张寺丞王校勘

晏殊

元巳清明假未开，小园幽径独徘徊。

春寒不定斑斑雨，宿酒难禁滟滟杯。

无可奈何花落去，似曾相识燕归来。

游梁赋客多风味，莫惜青钱万选才。

诗的前六句写景，描述了暮春三月，余寒未尽，落花纷坠，雏燕归来。诗人独步小园幽径，阑珊的春意引发了他对时光流逝、人生短促的迟暮之感。

由此可见，诗中"无可奈何花落去，似曾相识燕归来"二句实质上表现出诗人"对花落去的眷恋……借燕子归来抒写岁月流转，梦耶非耶的朦胧思绪。两句属对工巧，音节流畅，形成委婉凄迷的意境"[1]。诗人"想到花开花落，人力难济，春燕归来，似曾相识，人事的兴衰，自然的循环，是不可抗拒的。……'无可奈何'两句，意境凄迷"[2]。

---

[1]　《宋诗鉴赏辞典》编委会. 宋诗鉴赏辞典 [M]. 上海：上海辞书出版社，1987：64.
[2]　毛远明，钟尚钧. 历代帝王将相诗注析 [M]. 北京：中国国际广播出版社，1995：396.

晏殊将诗中的"无可奈何"二句搬用到《浣溪沙》词里，我们不能简单地否定这二句的原意，相反，要在尊重原意的基础上，看看它们在新的语言情境中所阐发出来的意义或引起的作用。这是在以语文课程核心素养的视野下，对课文的阅读所提出的新要求，我们不妨由此构建出一种阅读课文的新思路。

分析晏殊的诗和词可以推知，诗中"无可奈何"二句营造了一种委婉凄迷的意境，引用到晏殊词《浣溪沙·一曲新词酒一杯》里，实质上是"加倍表现伤春的情怀"[①]，"花与鸟既无以慰情，徒增惆怅伤离感旧之深"[②]。

也就是说，旧"花"自然会"落去"，但因为寄情于旧花，所以有"无可奈何"之叹；燕子虽然"归来"，却冠以"似曾相识"，即"好像认识和曾经见过的燕子又回来了"，说明作者仍然无法忘怀从前离别的燕子，期冀飞走的燕子能"归来"，一成不变地维持着以往旧有的模样。

由此可知，词人晏殊是通过对"落去"的花儿表达"无可奈何"、将"归来"的燕子视为"似曾相识"这一方式，来呈现他对美好过往的一种追念。

我们再进一步从晏词的上下文逻辑关系这一角度来分析，"无可奈何"二句不仅点明并且强化了上片中"夕阳西下几时回"的"回"字所蕴含的情感愿望，而且对"夕阳西下几时回"这一终极追问也进行了回答。

这个答案就是：美好的过往终将一去不复返，所以"无可奈何"；即便能如燕子一般"归来"，也只是"似曾相识"罢了。

我们不妨小结如下：词的上片发出了人生的终极追问"夕阳西下几时回"，下片的"无可奈何花落去，似曾相识燕归来"紧承上片的追问，表达了诗人对"花""燕"等美好经历的追忆与感念。

从消极情绪中腾身而出

纵观全词，词人其实并未完全耽于衰落伤感的悲悯情绪，这可以从全词的结句"小园香径独徘徊"中窥出端倪。

词的结句"小园香径独徘徊"亦是从晏殊本人《示张寺丞王校勘》诗中一句"小园幽径独徘徊"化用而来。

我们发现，词人晏殊在词中换用了"香径"一词，没有照搬诗中的"幽径"，

---

① 刘扬忠. 晏殊词新释辑评 [M]. 北京：中国书店，2003：12.
② 俞陛云. 唐五代两宋词选释 [M]. 上海：上海古籍出版社，1985：155.

这是因为"香径"——"花间小路或指落花满地的小径"，不仅照应了前句"无可奈何花落去"的"花落去"，更为重要的是，它冲淡了前句对"花落去"而"无可奈何"的消沉情绪。

落花固然令人惋惜，但却铺满了园中小路，成为一条"香径"，如清代龚自珍诗"落红不是无情物"一般，表明词人晏殊对落花仍旧充满了情意，从而主动地从"无可奈何"的消极情绪中跳脱出来。于是，"香径"成为"无可奈何花落去"的一种美好替换或华丽转身，美好的事物并未完全消逝，而是转化为另外一种美好的事物。

叶嘉莹先生认为，晏殊"是一个理性的诗人"[①]，所以，他的词"表现的是一种圆融的观照"[②]，"圆融者，就是有一个周遍的对于宇宙循环无尽的圆满的整体的认识"[③]。

正是由于"花落去"，庭园中才出现了"香径"；而又正是由于"香径"，所以"小园香径独徘徊"的"徘徊"应当作"流连、留恋"来理解。《汉语大词典》也有这一义项。

落花铺成了"香径"，词人晏殊独自一人在园中铺满落花的小路上流连忘返。"独"字亦表明了也只有词人自己才有如此"圆融"的体认。

可见，词的下片揭示出这样的内容：一方面虽然是"无可奈何"的心绪、"似曾相识"的凄迷，而另一方面却将消极的情绪转圜为"小园香径独徘徊"的圆通与觉醒。词人在安雅闲适的庭园中咀嚼着花去燕来等自然界变化所给予心灵牵动的同时，又从容不迫地品味着那铺满落花小径上的别样春光。

宋代王灼在《碧鸡漫志》中如此评价晏殊的词："风流蕴藉，一时莫及，而温润秀洁，亦无其比。"[④]

换句话说，词的下片似乎在告诉读者：既然没有办法挽回或留住已经消逝的美丽过往，那倒不如好好活在当下，不妨变换另一个视角去赏爱它。正如晏殊《浣溪沙·一向年光有限身》的结句"不如怜取眼前人"所表达的那样，与其"念远""伤春"，珍惜和把握眼前的一切才更有意义。

这就是晏殊这位词人明决而理性地处理或安排自我情感的一种方式。他的《珠玉词》亦主要展现了他在升平之世那种及时投入现实、及时行乐的生活状态，《浣溪沙·一曲新词酒一杯》的下片内容即比较明显的一例。

① 　叶嘉莹. 唐宋词十七讲 [M]. 石家庄：河北教育出版社，2000：152.
② 　叶嘉莹. 唐宋词十七讲 [M]. 石家庄：河北教育出版社，2000：152.
③ 　叶嘉莹. 唐宋词十七讲 [M]. 石家庄：河北教育出版社，2000：154.
④ 　王灼. 碧鸡漫志 [M]. 沈阳：辽宁教育出版社，1998：8.

综上可知，如果"无可奈何花落去，似曾相识燕归来"是表达词人对美好过往的一种追忆与感念，那么"小园香径独徘徊"则呈现出词人对美好当下的一种留恋与享受。它们共同构成了对上片收句"夕阳西下几时回"这一终极追问的回答。

指向语文课程核心素养的课文阅读，有时需要找到文句的来源，从作品的原意方面进行推理或开掘，我们既要看到其中的发展或演绎，不可一味地因循守旧；又要把握好文句原意的精髓，尊重原句的出发点。这是理性开辟文本解读的一种思路。

第七章　知人论世　进阶对话作者

第一节　背景导引，厘清逻辑

像匕首、投枪一样充满战斗力

——解读《中国人失掉自信力了吗》

以彼之道，还施彼身

许寿裳曾经这样回忆鲁迅先生："抗战到底是鲁迅毕生的精神。"[1]

《中国人失掉自信力了吗》一文就体现了鲁迅先生"抗战到底"的战斗精神，它廓清了当时全体中华民族的根本问题——"现在中国最大的问题，人人所共的问题，是民族生存的问题……中国的唯一的出路，是全国一致对日的民族革命战争"[2]。

这是鲁迅先生自"九一八"事变以来直至他逝世，始终念兹在兹的事。

指向语文课程核心素养的课文阅读，需要在阅读课文时了解一定的背景资料，并结合当时社会的情况，这样才能厘清作者究竟在主张什么、反对什么，以及明确作者用怎样的方式进行主张、用怎样的方式进行反对。特别是解读鲁迅的杂文，如果没有弄清当时的社会背景，那就极有可能无法理解先生在行文中的微言大义，

---

[1]　许寿裳. 亡友鲁迅印象记：许寿裳回忆鲁迅全编 [M]. 上海：上海文化出版社，2006：118.

[2]　鲁迅. 鲁迅全集（第6卷）[M]. 北京：人民文学出版社，2005：613.

无法体悟到杂文语言的言近旨远。

"抗战到底"自然要凝聚全体中华民族的"自尊心和自信力"，然而，当时言论立场倾向于国民党反动政权的《大公报》，于 1934 年 8 月 27 日发表了一篇名为《孔子诞辰纪念》的社评，抛出了这样一个论调：

最近二十年，世变弥烈，人欲横流，功利思想，如水趋壑，不特仁义之说，为俗诽笑，即人禽之判，亦几以不明，（中华）民族的自尊心与自信力，既已荡焉无存，不待外侮之来，国家固早已濒于精神幻灭之域。[1]

这段话指出，近二十年以来，中国的社会风气每况愈下，所以中国人目前不必考虑"外侮"（指日本侵华），而应该"推尊孔子艰苦卓绝修己救世之人格，阐扬儒家刚健尚义特立独行之仪型"[2]，以此"提高（国民）精神修养"[3]"恢复民族的自信"[4]，这比"侈谈攘夷"[5]（高谈阔论抗日救亡）在当前"更为急需"[6]。

这篇社评的观点，一言以蔽之，攘外必先安内。

由此可见，当时这一舆论唱衰"（中华）民族的自尊心和自信力"，认为当下的中国人已经失掉了自尊心和自信力。这一舆论的目的就在于打着"尊孔"的旗号和招牌，转移中国全民抗战的注意力，让全国人民不必再关注抗日救亡，而是要推崇孔儒之道，用以恢复民族的自尊心和自信力。

这种论调在表面上似乎有一定道理，但究其实质，就是国民党反动政府在"九一八"事变后民族危亡之际，所奉行的基本国策"攘外必先安内"的"配套产品"。

鲁迅的《中国人失掉自信力了吗》一文就是针对"中国人失掉自信力了"这种论调进行了质疑与反驳。

颇为有趣的是，在文章开头两段，作者反而借用了《大公报》社评所阐发的"中国人失掉自信力了"这一观点，倒扣在国民党反动政府自"九一八"事变以来那一系列消极抗战的行为与态度上。

你看，国民党反动政府失掉自信力的行为与态度表现在：

---

① 佚名. 孔子诞辰纪念 [N]. 大公报，1934-8-27（2）.
② 佚名. 孔子诞辰纪念 [N]. 大公报，1934-8-27（2）.
③ 佚名. 孔子诞辰纪念 [N]. 大公报，1934-8-27（2）.
④ 佚名. 孔子诞辰纪念 [N]. 大公报，1934-8-27（2）.
⑤ 佚名. 孔子诞辰纪念 [N]. 大公报，1934-8-27（2）.
⑥ 佚名. 孔子诞辰纪念 [N]. 大公报，1934-8-27（2）.

（两年前）总自夸着"地大物博"；

（不久后）只希望着国联；

（现在又）一味求神拜佛，怀古伤今。

作者这样写，就使得《大公报》那篇社评反而是针对国民党反动政府的行为与态度而阐发的，这样一来，国民党反动政府就像搬起石头砸了自己的脚一样自取其辱。

与此同时，作者又模仿《大公报》社评的语气和口吻，写了这样一句话：

于是有人慨叹曰：中国人失掉自信力了。

其中"有人慨叹"一语，原本是指《大公报》那篇社评慨叹"中国人失掉自信力了"，而这种语气和口吻又被鲁迅先生移花接木地借用到了《中国人失掉自信力了吗》一文中，顿时转而成为《大公报》的社评对国民党反动政府那一系列消极抗战行为与态度的"慨叹"了。真是强烈而辛辣的嘲讽啊！

这就是鲁迅这篇杂文战斗力的一个体现："以彼之道，还施彼身。"

揭露真相

鲁迅杂文的战斗力，"不但在于揭露黑暗的事实，还要暴露各种企图掩饰黑暗的行为"[1]。

比如，课文中这样一段话：

现在是既不夸自己，也不信国联，改为一味求神拜佛，怀古伤今了——却也是事实。

其中的加点词"怀古伤今"，它的本义是怀念过去、哀叹现在，在这里指南京政府明令公布以 8 月 27 日孔子的生日作为"国定纪念日"，南京、上海等地都举行规模盛大的"孔诞纪念会"这件事。

"怀古伤今"一词就是作者对国民党反动政府利用"尊孔"来掩盖自己消极抗战的一种揭露与讽刺。鲁迅后来也自嘲说这类词语对"上峰"[2]"略有不敬之处"[3]，以致被当局的书报检察机关在发表时删去。

"求神拜佛"一词也是如此。

"九一八"事变后，一些国民党官僚多次在北京、杭州等大城市举办"时轮

---

① 林贤治. 鲁迅最后的十年 [M]. 上海：复旦大学出版社，2011：3.

② 鲁迅. 鲁迅全集（第 6 卷）[M]. 北京：人民文学出版社，2005：219.

③ 鲁迅. 鲁迅全集（第 6 卷）[M]. 北京：人民文学出版社，2005：219.

金刚法会""仁王护国法会"，以祈求"解救国难"。

然而，这类"法会"的真正缘起是"古人一遇灾祲，上者罪己，下者修身……今则人心浸以衰矣，非仗佛力之加被，末由消除此浩劫"。[①]显而易见，国民党反动政府操办"法会"是出于"今则人心浸以衰矣（即人心不古、世风日下）"，这便与《大公报》那篇社评所倡导"尊孔"的起因一模一样。

所以，"求神拜佛""怀古伤今"原来同属一个鼻孔出气，实则都是为了掩盖国民党反动政府对日本侵华的妥协态度。

因而，鲁迅先生直言不讳地在课文中指出"一到求神拜佛，可就玄虚之至了"，毫不客气地揭示了国民党反动当局这一套做法的不可信，具有极大的欺骗性，"有益或是有害，一时就找不出分明的结果来，它可以令人更长久的麻醉着自己"。

可以说，鲁迅先生的全部努力，"几乎都在于揭示时代的真相"[②]。

故而，作者在文中大声疾呼：

中国人现在是在发展着"自欺力"。

乍一看，鲁迅先生的这句话似乎太过于绝对了，但正是由于它的绝对和不留余地，才能够起到振聋发聩的作用，以唤起民众的反观自省和扪心自问——是否自己也正发展着"自欺力"呢？

这独立成段的一句，发人深省，一如鲁迅在《且介亭杂文》序言里所说的那样："现在是多么切迫的时候，作者的任务，是在对于有害的事物，立刻给以反响或抗争，是感应的神经，是攻守的手足。"[③]

而当下，国民党反动政府"一味求神拜佛，怀古伤今"的盛典可以说是声势浩大、气势逼人。前者居然"能募集一笔巨款"[④]，足以想见在当时不乏"求神拜佛"之人；后者"尊孔"的仪式也搞得十分隆重，"凡是可以施展出来的，几乎全都施展出来了"[⑤]，从北京到南京，从上海到杭州，牵涉面之广，使全国大多数人都深受其影响。

为此，作者必须这样振臂一呼——"中国人现在是在发展着'自欺力'"，以讥刺那些自欺欺人的国民党政客，以警醒那些被欺骗和被愚弄的民众。

这也是鲁迅这篇杂文的战斗力所在。

所以，从表面上看，这篇文章是作者对《大公报》社评阐发"中国人失掉自

① 鲁迅. 鲁迅全集（第5卷）[M]. 北京：人民文学出版社，2005：475.
② 林贤治. 鲁迅最后的十年 [M]. 上海：复旦大学出版社，2011：4.
③ 鲁迅. 鲁迅全集（第6卷）[M]. 北京：人民文学出版社，2005：3.
④ 鲁迅. 鲁迅全集（第5卷）[M]. 北京：人民文学出版社，2005：475.
⑤ 鲁迅. 鲁迅全集（第6卷）[M]. 北京：人民文学出版社，2005：115.

信力"这一论调的质疑与反驳，但如果联系当时的社会背景，我们不难看出，鲁迅的《中国人失掉自信力了吗》一文实际上是在为中国人厘清抗日的真假，并号召全体中华民族"抗战到底"。

指向语文课程核心素养的课文阅读，有时需要通过时代背景的导引，积极地与文本对话，与作者对话，从而进一步明确作者情感态度的真正指向，形成自己的理解。

凛然正气的语调与"中国的脊梁"

鲁迅先生曾经这样说："擦着雪花膏的公子，是一定不肯自己出面去战斗的。"①

故此，鲁迅先生在课文中凛然正色道：

要论中国人，必须不被搽在表面的自欺欺人的脂粉所诓骗，却看看他的筋骨和脊梁。

其中的"必须""却（表示必须、一定）"等副词便突出了作者"凛然正气"的语调，体现了鲁迅这篇杂文强劲的战斗力，因为这番话是针对当时国民党反动政府的不抵抗政策或"自欺欺人"的行为而言的。

比如，当时的实际情况是：每当日军进攻，中国的军队大多奉命后退。1933年1月3日日军进攻山海关时，当地驻军在4个小时后即放弃要塞，不战而退，而远离前线的大小军阀却经常故作姿态，扬言"抗日"。

更重要的是，作者将自古以来那些"埋头苦干的人""拼命硬干的人""为民请命的人""舍身求法的人"以及现在"有确信（有坚定的信心），不自欺"的人称誉为"中国的脊梁"。

"脊梁"原指人的脊柱，"有坚硬、竖直、人体的中轴等特点"②，在这里作者是以支撑人身体的"脊梁"比喻那些从古至今有着坚定信念、不屈精神、对中国历史发展起到重大推动作用的中坚骨干力量。

比如，"九一八"事变后，那些向南京政府举行抗日救亡请愿而惨遭捕杀的学生，他们手无寸铁，被反动军警打死打伤了一百多人，有的学生受伤后又被扔进河里，而当局却对记者诡称，死难学生属于"失足落水"。还有当时正被国民

① 鲁迅．鲁迅全集（第6卷）[M]．北京：人民文学出版社，2005：138.
② 人民教育出版社课程教材研究所中学语文课程教材研究开发中心．义务教育教科书 教师教学用书 语文 九年级上册[M]．北京：人民教育出版社，2019：233.

党反动派多次"围剿"的积极抗日的苏区红军等。

"他们在前仆后继的战斗，不过一面总在被摧残，被抹杀，消灭于黑暗中，不能为大家所知道罢了"。他们就是"中国的脊梁"。

"中国的脊梁"这一表述，说明作者鲁迅先生将那些"拼命""舍身"的人视为中华民族的中流砥柱与栋梁。

"中国的脊梁"这一比喻，又形象生动地揭示出有自信力的优秀中华儿女坚定不屈的精神，以及对民族解放运动起到的重大作用。

"中国的脊梁"这一评价，正大刚直，浩然长存，表现出作者对他们的崇高敬意与由衷礼赞，更提振了中国人"抗战到底"的士气和信心，淋漓尽致地凸显鲁迅先生的战斗力。

综上所述，《中国人失掉自信力了吗》一文不仅揭露了国民党政府消极抗战的阴谋，而且是在呼吁全体中国同胞，分清是非，向古今的英雄人物学习，坚定不移地将"抗战"进行到底。

鲁迅先生以笔为戈，在这篇杂文中显示了强大的战斗力，这位现代文坛的巨匠高擎民族解放的大纛，铸就了中华民族永恒不朽的"民族魂"。

知人论世在一定程度上能够促成我们对课文内容的理解。

"知人"是要弄清作者的相关资料，其中包括作家的生平经历、思想状况等方面。"论世"则是要联系作者所处的时代背景。

所以，我们在解读鲁迅《中国人失掉自信力了吗》一文时，是需要查阅有关资料的。通过知人论世，厘清作品的逻辑，梳理作家的思路，有助于准确理解课文原意，更深一层地把握作者的思想意蕴。

"桃花源"真的找不到了吗？

读完陶渊明的《桃花源记》一文，我们不禁会发出这样的喟叹："桃花源"真的找不到了吗？

联系当时的社会现实，我们发现，作者陶渊明是非常不希望"桃花源"受到外界打扰的。

晋宋时期，是陶渊明所处的时代。当时兵连祸结，陶渊明的家乡江州（今九江）一带民不聊生，百姓"逃亡去就，不避幽深"[①]；后来到了南朝宋，人们逃

---

① 房玄龄. 晋书（卷85）[M]. 北京：中华书局，1974：2208.

亡的现象更加严重，官府赋税劳役严苛，贫苦的老百姓无法生存，大多数人逃亡到深山老林之中。这些地方偏僻险远，人迹罕至，与外界重重隔绝，以至于远离了兵燹，而且还不必交纳官税与服徭役。所以，逃亡的人们得以存活下来了。

当时还有另外一种情况，由于东晋以来战乱频仍，因而各地有些村寨纷纷建筑坞壁自保，以求安身于"小国寡民"的天地中。

可见，晋宋时期的百姓无论是逃入深山，还是筑堡自卫，其实质都是要与纷繁扰攘的外界切断联系，以保全自身的性命。

这就是当时的社会现状。

指向语文课程核心素养的课文阅读，需要考虑作者所处的时代背景或社会环境，因为通过这种背景或环境的导引，我们或许能比较容易地触摸到作者的真实情感倾向，进而厘清作品内在的逻辑关联，这对准确、合理地解读文本大有帮助。

在知悉陶渊明的生平经历与时代背景后，我们基本可以明确：在作者看来，代表着理想社会的桃花源与当时外界的关系在本质上是互相排斥、互相对立的，而且无法兼容。

《教师教学用书》也这样认为："（桃花源）扫除人间一切尘杂污秽，洁净幽寂，处处显示出大自然内在的静美。"[1]

我们认同《桃花源记》一文是作者意在描摹桃花源的和谐美好的观点，也不反对陶渊明是为了批判当时现实社会的黑暗和污浊的观点，但除此之外，难道你没有发现在《桃花源记》中，作者几乎处处都在强烈地保护着"桃花源"不受外界干扰，都在努力维护着这片纯洁而美好的净土吗？

事实上，课文从一开头交代渔人"缘溪行，忘路之远近"，就充分体现了作者对桃花源的保护。

"缘"的本义是指衣服的饰边，后来演变为"物体的边沿""绕着、沿着"等意思。"缘"呈现出渔人处于一种自然状态，渔人"缘溪行"除了捕鱼，并没有其他什么特别的目的。它不像下文渔人为了重返桃源，动用心思，"便扶向路，处处志之"，其中一个"扶"字，也是"顺着、沿着"的意思，但是它的本义为搀扶、扶持，故而带有强烈的目的性与操作性。可见，"缘"和"扶"虽然释义上相似，但在内涵上存在着较大的差别。

"忘路之远近"显出渔人毫无心机，"忽逢桃花林"的"忽逢"一词更是表现了渔人与桃花林相遇是一种偶然。

[1] 人民教育出版社课程教材研究所中学语文课程教材研究开发中心. 义务教育教科书 教师教学用书 语文 八年级下册 [M]. 北京：人民教育出版社，2019：118.

这样一来，作者通过"缘溪行，忘路之远近""忽逢桃花林"等语句，成功地隐去了或模糊了桃花源明确的地理位置，体现出渔人发现桃花源是随机的、偶然的，而这种随机和偶然实质上就是作者对桃花源的一种保护。

不仅如此，渔人偶然发现桃花源也没有那么轻巧与容易，反而要付诸一些行动，而且还需要冒一定的风险。

你看，文中这一段话：

……缘溪行，忘路之远近。忽逢桃花林，夹岸数百步，中无杂树，芳草鲜美，落英缤纷。渔人甚异之，复前行，欲穷其林。

林尽水源，便得一山，山有小口，仿佛若有光。便舍船，从口入。初极狭，才通人。复行数十步，豁然开朗。

作者以相当多的笔墨详细记叙了渔人发现桃花源的经过，并非寥寥数语交代了事，特别是"复前行，欲穷其林""复行数十步，豁然开朗"中两次出现的"复"，表明渔人遇见桃花源并非全然怀着一种逍遥随意的心态唾手而得，反而是他多次"复"前行探究的结果。

比如，"复前行，欲穷其林"是渔人受到一片神奇美丽的桃花林的吸引，从而"甚异之"，进一步萌生了想要走到这片美丽桃林尽头去探看的动机；而"复行数十步，豁然开朗"更是写出渔人经历了"初极狭，才通人"这一番的狭窄逼仄后，方才现出"土地平旷，屋舍俨然"等开阔敞亮的境界。

值得一提的还有渔人"舍船"这一举动，显示出他极大的冒险勇气与探索精神，因为渔人以"捕鱼为业"，船是捕鱼的重要工具，一旦船丢失了，那便直接影响到自己的生计。而渔人为了探究奇境，"便舍船，从口入"，他所面临的风险与所要承担的代价不算小，但渔人表现得毫不犹豫、干脆利落，"便舍船"的一个"便"字就淋漓尽致地体现出来了。

可见，尽管渔人在发现桃花源的过程中存在一些偶然性，但也并非一件轻而易举的事。写渔人发现桃花源的不容易，正是为了体现陶渊明对"桃花源"的一种保护。

后来，渔人为了重返桃花源，"便扶向路，处处志之"。我们从这一句也能推断出通往桃花源之路十分复杂以及渔人发现桃花源的不易，因为如果探访桃花源之路简单而平顺，那么即使渔人"忘路之远近"，也不必"处处志之"了。

渔人飞快地向太守汇报了情况，"及郡下，诣太守，说如此"中的三个动词"及""诣""说"牵出了三个整齐划一的句式，展现了渔人前往郡城汇报时那一气呵成的情状。

可是，无论路标多么精准，无论渔人汇报多么及时，也无论太守立即派人去寻多么刻不容缓，桃花源也定然要失去踪影，这就是作者陶渊明对桃花源的一种保护。

所以，站在作者的角度，我们能强烈地感受到陶渊明根本不愿意"外人"去搅扰桃花源这一方净土的情感倾向。

陶渊明在《桃花源诗》中也如是说："淳薄既异源，旋复还幽蔽。"他将桃花源与外部世界视为两种性质不同的环境，桃花源民风的淳朴与世俗生活的浅薄，是格格不入的。陈振鹏主编的《古文鉴赏辞典》同样持类似的观点："太守遣人随往的'不复得路'和刘子骥的规往不果，都是（作者）着意安排的情节，明写仙境难寻，暗写桃源人不愿'外人'重来。"[1]

不仅如此，作者不愿外人来搅扰桃花源的思想倾向，还借助了课文中人物的行为或语言给予了一定程度上的表露。

如果我们用心细读课文，便会从中看出，当渔人具体详细地介绍外面的世界时，桃花源人"皆叹惋"，他们都表示嗟叹惋惜。他们嗟叹与世隔绝的时日之长以及外面世界的变化之大，他们还惋惜外面的世界有诸多的战乱、动荡从而导致民生疾苦，哪里比得上在桃花源里能安居乐业、自由幸福、和谐美好啊！

而后者也正是作者陶渊明着意的重点所在。

桃花源的环境恬静自然，人们的生活怡然自乐，民风淳朴热情。所以，桃花源人丝毫没有羡慕外面世界的沧海桑田，反而害怕受到外界的干扰，他们的"叹惋"之声中尚有对"秦时乱"的余怖。因此，在送别渔人时，桃花源人还特意交代了这样一句话："不足为外人道也。"他们为了保护这一方净土，非常乐意与"外人"继续保持着隔绝的状态，"可见他们对自己美好生活的珍惜，不希望外人来破坏"[2]。

而"不足为外人道也"同样也是作者陶渊明的心声。

《桃花源记》一文反映了当时社会的情况，具有非常重要的现实意义，文中的素材或多或少都有着现实方面的依据。作者将当时逃亡避世人们的愿望或诉求通过桃源人"皆叹惋""不足为外人道也"等行动或话语表露出来，传递出对当时黑暗社会的厌弃和憎恨，同时也强烈表达了对这一片赖以生存、勤于稼穑、祥和美满的世外乐土的珍视与爱护之情。可以说，桃花源人的态度即作者的态度。

指向语文课程核心素养的课文阅读，有时候要注意作品中人物的行为、语言

---

[1] 陈振鹏. 古文鉴赏辞典 [M]. 上海：上海辞书出版社，1997：598.
[2] 人民教育出版社课程教材研究所中学语文课程教材研究开发中心. 义务教育教科书 教师教学用书 语文 八年级下册 [M]. 北京：人民教育出版社，2019：119.

等，因为作品中的人物很可能就是作者的代言人，作者会借助人物来传递自己的思想感情。

而文章最后一句"后遂无问津者"更加表明了陶渊明牢牢保护桃花源的情结。它是继渔人、太守的寻访失败及刘子骥"规往""未果"之后，最终彻底地揭示了作者不愿"外人"涉足桃花源的一句话，这一结句也使桃花源自始至终保持了它净化的本色。

由此可见，《桃花源记》一文实际上是以"寻访桃花源"作为主线，描绘了一个与世隔绝、未受战乱破坏的理想社会。文章先写渔人偶然发现桃花源，引起读者的兴趣；再写渔人"便扶向路，处处志之"，"太守即遣人随其往"，使桃花源经历了一次危险，揪起了读者的心——越是表现桃花源的宁静美好，越是揪扯读者的心；然后写"（渔人）遂迷，不复得路"，南阳刘子骥"规往"亦"未果"；最后以"后遂无问津者"一句为"寻访桃花源"这件事戛然画上句号，充分表明了作者不愿"外人"搅扰桃花源，体现陶渊明对纯真美好的理想世界的保全。因此，后人也就以"世外桃源"这一成语泛指那些不受外界影响的美好境地。

那么，桃花源是不是就真的找不到了呢？

其实，桃花源并不是真的找不到，也不会消失，恰恰相反，它几乎无时无刻不存在于每个人的心里，尤其在兵荒马乱、动荡不安的岁月里，这种理想的天地都是善良人们时时追求或向往的目标，它实际上就是每个人心中的理想，代表着广大劳动人民最朴素的愿望。

所以，指向语文课程核心素养的课文阅读，需要积极地与作者对话，了解作者的生活背景和他的思想动态，需要主动地联系作者当时所处社会的风气与时代风貌。知人论世，有时候就如同拿到一把打开文本解读之门的钥匙，可以肯定，有关文本的资料文献掌握得越多，助读的功夫下得越深，那么我们对课文内容的理解就会越准确、越深刻，对文本的解读就会越透彻、越合理。

由此，我们可以比较准确而合理地判断出：陶渊明撰写《桃花源记》的本意并不仅仅在于虚构一个与黑暗现实相对立的乐土，而且还要告诉我们，人人心中都有一片桃花源，都有属于自己精神上的富饶之地，都有属于自己的一个五彩斑斓的美梦，因此不要去搅扰、影响别人美好的理想，反而要为之保全，使之不受外界的侵扰或污染。这样的话，每当在黑暗的现实社会中陷入绝境，那美好清平的桃源世界都可以不经意或下意识地从脑海中涌现，让我们在面对这个污浊的尘世时会更加充满信心，更加从容。

第二节　文如其人，天人合一

"看雪"实为"看己"

——解读《湖心亭看雪》

中国文化将人与大自然或外部世界的关系看作和谐统一的、浑然一体的，即"天人合一"。

中国文人也往往力求将自身的品格、气质或风范与大自然相通相合，以此解放人性，重归自然状态，达到一种万物与"我"合二为一的精神境界。

比如，明朝的张岱就这样认为："盖人生无不藉此冰雪之气以生。"[①]意思是说，人一生的成长都需要借助冰雪这样的特质。

由此可知，在张岱看来，人要有大自然的冰雪之气才可以称得上"生"。

崇祯五年冬十二月，西湖大雪三日。自古西湖难得大雪，何况有三日的大雪！所以，张岱无论如何是要去看雪的。他曾经这样说过："冰雪之在人，如鱼之于水，龙之于石……"[②]他将冰雪与人的关系紧密关联在一起，须臾不可分离。

因此，湖心亭看雪，可以视为作者一次"追求'冰雪人格'的冲动"[③]。

大雪三日，曾经热闹吵嚷的西湖在夜晚"人鸟声俱绝"，呈现出一种难能可贵的清净。张岱恰好需要这样一个"冬""夜""雪""净"的氛围，这都源于他心中所向往的"冰雪之气"，他曾经说：

> 凡人遇旦昼则风日，而夜气则冰雪也；遇烦躁则风日，而清静则冰雪也；遇市朝则风日，而山林则冰雪也。[④]

由此可知，在张岱眼里，"冰雪之气"在于"夜气"、在于"清静"、在于"山林"，这是一种冰清玉洁、超凡脱俗、还原生命本真的理想境界。

---

① 　张岱 . 琅嬛文集 [M]. 长沙：岳麓书社，1985：18.
② 　张岱 . 琅嬛文集 [M]. 长沙：岳麓书社，1985：19.
③ 　人民教育出版社课程教材研究所中学语文课程教材研究开发中心 . 义务教育教科书 教师教学用书 语文 九年级上册 [M]. 北京：人民教育出版社，2019：130.
④ 　张岱 . 琅嬛文集 [M]. 长沙：岳麓书社，1985：19.

唐代孟郊有诗云："一卷冰雪文，避俗常自携。"明朝张岱则是将"冰雪"演绎成他终身追求的一种人生况味。

人生需要冰雪之气，因为在作者张岱看来，冰雪"能寿物"[①]，"能生物"[②]，能提振人的精神，能净化人的心灵。

指向语文课程核心素养的课文阅读，可以考虑从作者的人格精神、人生价值取向这一角度来观照文本，正所谓"文如其人"。因为在作品的字里行间势必会透出作者的人生追求、思想境界。你看，张岱所追求的"冰雪人格"，便恰如其分地投射到了"湖心亭看雪"这一行为上。

从自身视角观照自己

因而，我们可以从张岱的人格精神、人生价值取向这一视角来看待"湖心亭看雪"，结合作者的生平遭际，从而推断出，与其说作者是去"看雪"，倒不如说是"看己"——作者于湖心亭看雪，实则是观照浸润于冰天雪地中的自己。

与自己的心灵进行对话，所以纵使有舟子仆从，仍是"独往湖心亭看雪"。这个"独"字非但没有误用，反而大有深意。我们在阅读时应抓住文本中这样与事实相矛盾的地方，给予如此的分析与理解。

"天与云与山与水，上下一白"，这是正面描写雪色的文字，笔力可谓"雄浑"[③]。它不仅连用了三个"与"字，而且未使用标点隔开，意味着完全将天空、云层、山峦、湖水进行了一次无缝链接。

身处一种大清阔、大寂寥的背景中来观照自己，正是作者夜行看雪之目的。

从侧面来表现雪色，是通过远远一道长堤印出的痕、湖心亭凝成的一个点、小船轻飘的像一叶草、舟中人如两三个颗粒状的东西来共同体现的。

湖上影子，惟长堤一痕、湖心亭一点、与余舟一芥、舟中人两三粒而已。

"一痕"显出雪后长堤的唯美，"两三粒"表现出人之于天地的微小，鲜明地反衬了一片清朗壮阔的雪色。

舟中人究竟是两粒还是三粒，作者焉能不知？可见，张岱虽然身在船上，却早已放飞了自己的心灵，他超越了个体的限制，将自己当作了风景。俯瞰世间，高屋建瓴，两粒、三粒又何妨？作者看的不是雪，而是冰雪中自身的情状。他将

---

① 张岱. 琅嬛文集 [M]. 长沙：岳麓书社，1985：18.
② 张岱. 琅嬛文集 [M]. 长沙：岳麓书社，1985：18.
③ 张岱. 琅嬛文集 [M]. 长沙：岳麓书社，1985：313.

自己浸润其中，观照自身在天地之间以何自处。"舟中人两三粒而已"，原来，人在洪荒宇宙中只能算是几粒微尘罢了。

尤其在十几年后，作者遭受了国破家亡之变，穷困潦倒，落泊不堪，以前的老朋友见到张岱，如同看见毒药猛兽，都惊惶无措，不敢再与他交往。于是，张岱避居山中，发愤著书，以"冰雪"自励，反观自省，经常自己评价自己（"常自评之"①）。

比如，他在《自为墓志铭》一文里这样自我解嘲道："故称之以富贵人可，称之以贫贱人亦可；称之以智慧人可，称之以愚蠢人亦可；称之以强项人可，称之以柔弱人亦可；称之以卞急人可，称之以懒散人亦可。学书不成，学剑不成，学节义不成，学文章不成，学仙学佛，学农学圃俱不成，任世人呼之为败家子，为废物，为顽民，为钝秀才，为瞌睡汉，为死老魅也已矣。"②

张岱还为自己写了《自题小像》一诗："功名耶落空，富贵耶如梦，忠臣耶怕痛，锄头耶怕重，著书二十年耶而仅堪覆瓮，之人耶有用没用？"

以上种种，难道不是源于他反观自身、内视自我后的一种深切体悟或感喟吗？

因而，作者在追忆"湖心亭看雪"时，自然会想起自己当年三十五六岁时的那种意气风发与痴狂不羁。他提笔撰文的动机，不仅仅是出于在天寒地冻时看雪的那份雅好或不落凡俗的举动吧，随着世易时移，追忆"看雪"则不仅仅是"看雪"，更多的在于"看己"，观照自身在天地之间何以自处才是他的大命题。

明朝的灭亡对张岱的人生是一次巨大的冲击。作者这样自述道："甲申以后（甲申年是明朝亡国之时），悠悠忽忽，既不能觅死，又不能聊生，白发婆娑，犹视息人世。"③身处末世，如何安身，何去何从，张岱其实无时无刻不纠结于人生的种种选择。人有冰雪之气方可谓"生"，观照自身的生存意义，是他始终思考的一件大事。

指向语文课程核心素养的课文阅读，需要关注作者的思想发展演绎的过程，尤其对于一些回忆性的散文，作者在行文中经常会出现前后两个不同时期的"我"的形象，以及由此阐发出"我"思想情感的变迁。所以，我们在解读文本时，要积极与作者对话，也就是要关注到作者思想的动态，这样才能准确而合理地理解课文内容。

---

① 张岱．琅嬛文集［M］．长沙：岳麓书社，1985：199.
② 张岱．琅嬛文集［M］．长沙：岳麓书社，1985：200.
③ 张岱．琅嬛文集［M］．长沙：岳麓书社，1985：201.

借他人的视角观照自己

总括全文，《湖心亭看雪》主要写了两件事：西湖看雪与湖中偶遇。

如果说，西湖看雪是作者借自己的眼睛看自己的话，那么湖中偶遇则是作者借金陵人、舟子的眼睛来看待自己了。

张岱选择了一个"大雪三日，湖中人鸟声俱绝"，且"更定"的时候，"独往湖心亭看雪"，他的意图是要与自己的心灵进行对话，目的在于体察自己，而不是寻找知己。

不可否认，两位金陵人在冰天雪地时游湖的雅兴与张岱颇有灵犀，然而，他们游湖看雪的目的却不尽相同，前者烧酒畅饮，后者在于观照自身。

因而，这一不期而遇使作者意外非常，一时间语塞了。面对金陵人的热情爽朗，盛意难却，作者"强饮三大白"（勉强喝了三大杯酒）。不但如此，"强饮三大白而别"的"而"也说明张岱喝完酒就匆匆告别了。

如果作者把金陵人当作知己，那么依照张岱自身的性情——"人无癖不可与交，以其无深情也；人无疵不可与交，以其无真气也"[①]——势必会一见如故，留下来共同看雪，甚至彻谈良宵。然而，作者酒后即行告辞，连话都没聊上几句。以此推知，张岱湖心亭看雪的目的与他们不同。

作者叙写湖中偶遇一事，是要借两位金陵人的眼睛来观照自己。统编语文教科书配套的《教师教学用书》中也提及了"从对方的视角看'自己'"这一说法。

那么，他们眼中的作者张岱是一种怎样的形象呢？

（两位金陵人）见余大喜曰："湖中焉得更有此人！"拉余同饮。

可见，作者"独往湖心亭看雪"这一行为使他们"大喜"；作者又借他们所说的"湖中焉得更有此人！"这一句话来评价自身；最后金陵人"拉余同饮"，可以想见，一个"拉"的动作足以证明他们已经不顾及陌生人之间的礼节了，拉拉扯扯，别有一番亲切在其中，都源于志趣的一致，都出于一种雅爱自然的生活情调。

所以，作者张岱在两位金陵人眼中具有一种与众不同、不落凡俗的品位与风韵。

文章末尾舟子的一番话，也是作者借助舟子的眼睛来看自己，一如《教师教学用书》中所说的"假舟子为辞"。

舟子喃喃曰："莫说相公痴，更有痴似相公者。"

---

① 张岱. 陶庵梦忆·西湖梦寻 [M]. 北京：中华书局，2007：55.

一个"痴"字基本概括了作者在天寒地冻的寂寥夜晚独去看雪的意趣与执着。

事实上，"痴"是晚明文人喜欢用的一个字眼，它象征了一种不同寻常的行为方式和人格风范。寒夜看雪是舟子这类世俗之人所无法理解的，"喃喃"二字就传神地描画出舟子的困惑不已与傻气可爱。

作者借舟子的话传递出自己与两位金陵人一样都对山水抱有一番痴恋的情怀。但其实我们不妨细品一下，张岱与金陵人的"痴"仍有不同之处，前者"看雪"实为"看己"，后者看雪是以饮酒交心。这其中的差异舟子等人固然不解，但作者张岱却别具匠心，通过舟子的话，从表面上关联起自己与金陵人一致的地方，却在深层方面巧妙地区分开两者的不同内涵。

从他者的视角来观照自身，表露出自身不随流俗、还原生命本真的"冰雪气质"。可以说，这是作者张岱借助他人的行为、语言等来彰显自己思想情感的一种方式。因此，以语文课程核心素养为导向的课文阅读，有时候既要注意作者立足于自身视角方面的直接阐发，也要看到作者会通过其他人物或站在他者的视角，间接地从侧面进行传情达意。

综上所述，我们可以看出，张岱于十几年后写下《湖心亭看雪》一文，是感怀自己当年"追求'冰雪人格'的冲动"[①]。

作者在追忆往事的过程中，结合自身当下的处境，不仅把湖心亭看雪一事描摹得典雅别致、悠远空灵，更将它视为一次观照自身、体察自己内心深处"冰雪之气"的精神之旅。

作者内在的"冰雪之气"与西湖三日大雪后的清气洁韵相得益彰，在《湖心亭看雪》一文中很好地呈现出来。

万类竞自在

——解读《与朱元思书》

八年级上册《与朱元思书》一文是作者吴均写给友人朱元思的一封书信，在课文的"阅读提示"中，揭示了作者吴均撰写这封书信的目的："劝友人（指朱元思）放下争名夺利之心，忘情于天地大美之中。"

课文中的"鸢飞戾天者，望峰息心；经纶世务者，窥谷忘反"集中体现了这

---

① 人民教育出版社课程教材研究所中学语文课程教材研究开发中心. 义务教育教科书 教师教学用书 语文 九年级上册 [M]. 北京：人民教育出版社，2019：130.

一写作目的。

然而在笔者看来，《与朱元思书》一文与其说是劝告友人淡泊名利，倒不如说是作者吴均的一种自勉。

为什么会有这样的推断呢？

这要先从作者吴均谈起。

吴均"家世寒贱"①，在当时门阀士族垄断当权的南朝，是很难被人接受而有所作为的。但他"好学有俊才"②，曾经因为赋诗得到梁武帝的赏识，官至奉朝请。可是，性情耿直的他却不顾梁武帝的忌讳，私自撰写了《齐春秋》。梁武帝大怒，焚毁了书稿，罢免了他的官职。

吴均一生可谓仕途坎坷，他渴望建功立业却又报国无门，因而"不免心灰意冷，加之六朝时佛道思想盛行，受其影响，产生归隐之情。这在文章（指课文《与朱元思书》）中也有所流露。"③

无独有偶，在"吴均三书"之一的《与顾章书》里，他也同样表露过隐逸的夙愿，比如他曾经这样说："既素重幽居，遂葺宇其上。"④意思是说，我一向推崇隐居，于是在那座山上修筑了房子。

可见，当我们了解了作者的生平，捕捉到作者的思想动态后，再来阅读这篇课文的时候，便会发现，《与朱元思书》更像是作者在陈述自己的人生追求，在倾诉自己的生命情怀。

你看，课文开篇便是如此爽爽利利的一句话：

风烟俱净。

这一个"净"字，不仅渲染了没有一丝风、没有一点儿烟雾尘霾的自然情景，作者更是把自己心中的"风烟"也吹散消尽了的这种心态也一同呈现了出来。

郑振铎先生为此赞叹道："状风光至此，直似不吃人间烟火者。"⑤而"不吃人间烟火"，正是作者吴均此时的心灵写照。

"风烟"可以视为世俗的风尘，"净"在佛教中有"清静"的意思，"风烟俱净"一句的意思便是"扫除浮艳，澹然无尘"⑥，作者借此句是为了展现自己内心空净、无所挂碍的思想境界。

---

① 李延寿. 南史 [M]. 中华书局，1975：1780.
② 李延寿. 南史 [M]. 中华书局，1975：1780.
③ 人民教育出版社课程教材研究所中学语文课程教材研究开发中心. 义务教育教科书 教师教学用书 语文 八年级上册 [M]. 北京：人民教育出版社，2017：157.
④ 陈振鹏. 古文鉴赏辞典 [M]. 上海：上海辞书出版社，1997：726.
⑤ 郑振铎. 中国文学史 [M]. 西安：陕西师范大学出版社，2010：199.
⑥ 许梿（评选），黎经诰（笺注）. 六朝文洁笺注 [M]. 中华书局，1962：114.

也许正是由于心清气静，他才会欣赏到"天山共色"这一神奇的图景吧。

所以，天空与群山显出同样的颜色，其实大多是出于作者自身的主观感受与价值判断——"天与山自然不是一个颜色，这里写的是空气明净所造成的一种清澈透明、浑然一体的感觉"①。

境由心生，物随心转，已经成为我国古代文论里一个比较重要的美学主张。南朝梁刘勰在《文心雕龙·物色》中就提出"情以物迁，辞以情发"这一说法，揭示出在文学构思时，作者的主观情志随自然景物和社会生活图景的变化而变化这一特征。

同样的道理，下文"奇山异水"中的"奇""异"，"天下独绝"中的"独绝"，这些词语也都蕴含着作者强烈的情意与心结。

也许正是由于心清气静，所以才会"从流飘荡，任意东西"吧。

然而，我们从"自富阳至桐庐一百许里"一句可知，吴均的船其实是逆流而上的，不太可能做到"从流飘荡，任意东西"的状态，这恐怕亦是作者自由解脱的情态与主观心灵的放飞使然。

可见，"任意东西"的"东西"不宜解释为"向东或向西"，在这里应是一种泛指，兼涉"南北"，可以理解为"四方"或"四面八方"。据《汉语大词典》，"东西"也有"四方"这一义项，如唐代杜甫《无家别》诗句："我里百余家，世乱各东西。"

因此，"从流飘荡，任意东西"一句写出了作者于江中放舟，任其随处漂荡，全然不在意的样子，表现了作者无拘无束、从容自在的"洒脱之姿"②。如果将"东西"仅仅视为"向东或向西"，则显得拘泥生硬，无法体现吴均"任意东西"的"任意"态度与情怀。

水，是最能映射人心的。

"水皆缥碧，千丈见底。游鱼细石，直视无碍"，这里表面上刻画了水的清透，实质上却反映出作者的心清如水。

"千丈见底"的"见底"，"直视无碍"的"无碍"，这些词语都直接投射出作者思想境界的通达与透亮。

水清，代表作者的心净。

那么，"急湍甚箭，猛浪若奔"这一句的真实立意在何处呢？

---

① 人民教育出版社课程教材研究所中学语文课程教材研究开发中心. 义务教育教科书 教师教学用书 语文 八年级上册 [M]. 北京：人民教育出版社，2017：158.
② 章培恒，骆玉明. 中国文学史新著 [M]. 上海：复旦大学出版社，2007：359.

水疾，可象征作者心绪的自在与奔放。

再来瞧瞧两岸的高山吧，它们不再呈现静止的状态，而是充满动态地"负势竞上，互相轩邈，争高直指，千百成峰"。

作者运用了拟人的修辞手法，生动形象地描摹出山峦凭借高峻的地势，力争向高处、远处伸展，笔直地冲着青天，形成无数的巅峰。

而描摹群山力争向上的，并不仅仅局限于《与朱元思书》一文，在吴均的《与顾章书》和《与施从事书》中都有所体现。

比如《与顾章书》中的"森壁争霞，孤峰限日"，其意思是阴森陡峭的崖壁与天上的云霞一争高下，独立的山峰遮住了太阳。文句中的"争""限"写出了群山力争向上的情态。

又比如《与施从事书》中的"绝壁干天，孤峰入汉"，其意思是悬崖陡峭高峻，山峰直插天际。文句中的"干""入"也描绘出群山力争向上的情态。

《与顾章书》《与施从事书》《与朱元思书》并称"吴均三书"，它们"皆为绝妙好辞，能以纤巧之语，状清隽之景"[1]，而且都表达了作者对山水美景的流连以及他清高隐逸的生活情趣。

比如《与顾章书》中的"仆去月谢病，还觅薜萝"（我辞官引退，还归石门山隐居）、"既素重幽居，遂葺宇其上"以及"仁智之乐，岂徒语哉！"（佳山秀水为仁智之人所喜爱，哪里是随便说说的呀！）。

又如《与施从事书》中的"信足荡累颐物，悟衷散赏"（欣赏美好景物，内心确实有所感悟）。

于是，我们不禁会提出这样一个问题：既然作者心清气静、恬然淡泊，那么，为何在"吴均三书"里要写群山力争向上呢？这难道不矛盾吗？

分析文本中的矛盾，可以激发思辨思维，使我们在思考辨析中探究作者运用语言文字的真实用意，从而使文本解读越加走向真实与合理，而求真、趋向合理也正是指向语文课程核心素养的课文阅读的目的所在。

所以，在笔者看来，群山"负势竞上，互相轩邈，争高直指，千百成峰"，这对于心怀归隐退意的作者而言，其中的"竞"与"争"不再象征着你死我活的官场勾斗，而是彰显了一种"万类竞自在"的精神状态。

作者吴均"视静态的群山为极富动感的性灵之物"[2]，就是在借助两岸山峦竦峙向上的自然属性表现出千峰万岭追求自在的心灵属性。"鸢飞戾天者，望峰

---

① 郑振铎.中国文学史[M].西安：陕西师范大学出版社，2010：198.
② 章培恒，骆玉明.中国文学史新著[M].上海：复旦大学出版社，2007：359.

息心"的"峰"便是这样一种生命大自在的完美呈现。

指向语文课程核心素养的课文阅读，有时候需要从文本中窥出作者思想情感与风物景致之间的对立统一，找到它们感情的联络点，从而领略我国古代文人在自然景物方面投射出来的万千风情和意趣，理解他们对"天人合一"这一思想境界的追求与企慕。

你看，作者将山谷中"泉水"的声音也表现出来了——"泉水激石，泠泠作响"，传递出水石相碰时声音的清越与悠扬。

作者又将山谷中"好鸟"的鸣叫也表现出来了——"好鸟相鸣，嘤嘤成韵"，凸显了美丽的鸟儿相互和鸣、悦耳动听。

"泠泠""嘤嘤"这些拟声词，没有一个词不是"经过（作者）感情浸泡、过滤、拣选的"[1]，可谓"字字关心"[2]，它们合乎作者内心的节奏与情感波澜；它们又与"蝉则千转不穷，猿则百叫无绝"中的"千转不穷""百叫无绝"一起自成天籁，共同奏响一派万物欣荣、欢怡自得的气象，使"经纶世务者，窥谷忘反"的"谷"同样也呈现出生命的一份逍遥。

综上可见，自然风光在吴均的笔下，不再仅仅作为供人观赏的对峙物，而是化为作者志趣、生活的一部分。

其实，山川本身并无所谓生命与情怀，是作者吴均将自己追求自由的生命与情怀赋予了山川等风物，从而使它们在天地之间树立起一种"万类竞自在"的精神姿态。

因为，作者此时的心态已经趋于平静，变得恬淡自适，他厌倦了官场，避居林泉，将目光投向了给予他心灵慰藉的青山绿水，寄情山水释放出自在的情怀。作者在现实生活中无法实现的"任意东西"，却在山水之间得到了补偿。

《与朱元思书》这封书信便将从富阳到桐庐这一段富春江的山川风物勾画出"一派鲜活之气"[3]——江水清澈、群峰竞上、泉鸟争鸣，天地万物自在奔放、生机盎然。

《梁书·文学上》称赞吴均"文体清拔有古气"[4]。"清拔"即形容文辞清秀脱俗，章培恒、骆玉明在《中国文学史新著》中为之诠释道："吴均的诗文语

---

① 吴云. 历代骈文精华注译评 [M]. 长春：长春出版社，2010：191.
② 吴云. 历代骈文精华注译评 [M]. 长春：长春出版社，2010：191.
③ 吴云. 历代骈文精华注译评 [M]. 长春：长春出版社，2010：191.
④ 姚思廉. 梁书 [M]. 中华书局，1973：698.

言简劲，有一种或雄迈或俊秀的风姿"[①]。

由此看来，《与朱元思书》一文中山川风物"万类竞自在"的精神状态正契合了"雄迈或俊秀的风姿"，显示出清拔的文风。

最后，需要提及一下课文末尾这一句："横柯上蔽，在昼犹昏；疏条交映，有时见日。"

它紧承了"鸢飞戾天者，望峰息心；经纶世务者，窥谷忘反"，与之文气相通，补叙了山上谷中的风景，照应了前文的"寒树"。

更重要的是，课文末尾这一句描绘了作者的轻舟从疏密有致的树阴下穿过，光影变幻，时明时暗，"为全文蒙上了一缕清淡恬静的迷人色彩"[②]。

可以说，文末这一句是隐逸者心境的一种生动形象的写照——因为富春江不单单以风景秀丽闻名，它还是东汉著名隐士严光曾经隐居的地方。

吴均曾在《别王谦》一诗中以"严光"自比——"严光不逐世，流转任飞蓬"，向友人王谦表达了自己归隐的愿望；所以，在《与朱元思书》一文中，吴均则通过对富春江雄奇秀丽的山水风物的描写，不仅奉劝好友朱元思，而且自述其志，内敛地流露出淡泊名利、追求自在的人生取向与精神风貌。

一篇好文章的可贵之处，既在于作者选取了恰当的语言材料来表现自己的思想情感，又在于作者运用了适合的语言形式或表现手法使自己的思想情感呈现出一种艺术性的外显。

比如《与朱元思书》一文，作者吴均选取了富春江一带的山川风物来彰显自己隐逸的情志，这是作者"天人合一"的体现，他将自己追求自在的情怀与大自然合二为一，于是大自然也呈现出"万物竞自在"的精神风貌与生命姿态；同时，作者在抒发自己隐逸情怀的过程中运用了适合的语言形式或表现手法，使文章呈现出清拔的文风，给人一股清秀脱俗的气韵，与作者本人所追求的淡泊自在的思想情感相匹配，这是作品"文如其人"的体现。指向语文课程核心素养的课文阅读需要关注到这一点。

---

① 章培恒，骆玉明. 中国文学史新著 [M]. 上海：复旦大学出版社，2007：358.
② 曹道衡，李炳海. 新编古文观止（汉魏六朝美文）[M]. 长春：吉林文史出版社，2002：276.